中国历史人物画廊

史记人物精选

列传

主编　张新科　赵望秦　程永庄
推荐　陕西省司马迁研究会　韩城市司马迁学会

济南出版社　汉唐书局

图书在版编目（CIP）数据

史记人物精选. 列传 / 张新科，赵望秦，程永庄主编. —济南：济南出版社，2023.3

ISBN 978-7-5488-5553-8

Ⅰ.①史… Ⅱ.①张… ②赵… ③程… Ⅲ.①《史记》—历史人物—列传 Ⅳ.①K820.2

中国国家版本馆CIP数据核字（2023）第038809号

出 版 人	田俊林
图书策划	冀瑞雪
责任编辑	孙育臣　李家成
图书审读	孙尚勇　杨海峥　钟书林
装帧设计	王铭基
出版发行	济南出版社
地　　址	济南市二环南路1号
编辑热线	0531-86131747　82926535（编辑室）
发行热线	82709072　86131701　86131729　82924885（发行部）
印　　刷	山东潍坊新华印务有限责任公司
版　　次	2023年4月第1版
印　　次	2023年4月第1次印刷
开　　本	185 mm × 260 mm　16开
印　　张	10.75
字　　数	170千
印　　数	1—5000册
定　　价	38.00元

（济南版图书，如有印装错误，请与出版社联系调换。联系电话：0531-86131736）

编委会

主　编

张新科　赵望秦　程永庄

编写人员（按姓氏笔画排序）

马　倩　马　萌　王　璐　王昭义　付力铭　刘宏伟

刘彦青　李云飞　李月辰　汪雯雯　张仲军　张海燕

张焕玲　赵望秦　昝起收　袁方愚　贾雪芹　崔岩岩

曹祎黎　强尚龙　蔡　丹　蔡亚玮　蔡海鹏

审读专家（按姓氏笔画排序）

马世年　刘志伟　孙尚勇　杨海峥　陈　曦　赵生群

钟书林　踪训国

前言

我国西汉时期伟大的史学家、思想家、文学家司马迁，字子长，左冯翊夏阳（今陕西韩城）人，他的巨著《史记》是我国第一部纪传体通史，记载了从黄帝到汉武帝时期三千多年历史，是中国文化史上一座巍峨的丰碑，也是世界文化宝库中一颗璀璨的明珠，被鲁迅先生誉为"史家之绝唱，无韵之离骚"。

《史记》所开创的纪传体，与此前的历史著作体例相比，突破了编年体、国别体的局限，把"人"放到了突出位置，以人为核心记载历史，这是历史编纂的新体制、新发展、新高度。《史记》整体上分本纪、表、书、世家、列传五种体例，尤其是本纪、世家、列传三种体例，展现了历史上不同阶层、不同身份的人物，上至帝王将相，下到平民百姓，甚至游侠、刺客、商贾等，由人组成了中国历史的长城、中国历史的画廊。司马迁认为这些人物都是"倜傥非常之人"，是值得称道之人。记载历史，把人放在第一位，这也是司马迁思想的重要体现。司马迁在《报任安书》中明确表示，他编纂《史记》的目的是要"究天人之际，通古今之变，成一家之言"。通过历史人物证明，人是社会发展的动力，王朝的兴盛或衰亡，原因在于人而不在于天，人是决定因素。特别是《史记》不虚美、不隐恶，大胆揭示人性的真善美和假恶丑，为后来的史学家树立了典范。《史记》人物传记也体现了我们民族维护统一、积极进取、坚忍不拔、忧国爱国等精神，对中华民族精神塑造起了重要作用，譬如以黄帝作为开篇，这就奠定了中华民族大一统的民族谱系。

司马迁写历史人物，有很高的艺术手段。他在历史真实的前提下，适当运用文学的笔法，所谓"带着镣铐跳舞"。他善于选择典型材料刻画人物，而不是记流水账，有时候用一些细节表现人物的个性，有时候通过人物个性化的语言和行动展现人物的思想，有时候通过场面描写体现历史事件发展的矛盾冲突，甚至有时候通过心理描写揭示人物的内心世界。《史记》人物传记不是干巴巴的死的资料，而是活生生的人，是热乎乎的生命，字里行间有司马迁的影子，渗透着司马迁的情感，褒贬分明，有时甚至直接抒发情感，具有浓厚的感情色彩。而且司马迁用多样化的笔法写人，不是千人一面、千人一腔。正因此，《史记》的故事性强，人物栩栩如生。我们可以说，司马迁把历史人物写活了，展现出历史人物生命的活力，具有永久的艺术魅力，甚至有些人物成为一种文化符号，比如飞将军李广就是怀才不遇的符号，司马迁就是发愤著书的符号，等等。我们读《史记》人物传记，也是一种美的享受。

司马迁在《高祖功臣侯者年表序》中说"居今之世，志古之道，所以自镜也"。历史人物虽然远离我们而去，但他们的所作所为，他们的精神思想，或正面，或反面，永远留给后人，所谓"其人虽已没，千载有余情"。历史人物就是一面镜子，后人从这些历史人物身上受到启迪，得到教益。正如明代茅坤《史记钞》中说："读游侠传即欲轻生，读屈原、贾谊传即欲流涕，读庄周、鲁仲连传即欲遗世，读李广传即欲力斗。"也就是说，优秀的人物传记会使读者产生强烈共鸣，并且影响读者的行为反应，影响读者的人生轨迹。更进一步说，人物传记是人的生命载体，它使有价值的生命走向永恒的时间和无穷的空间。

为了更好地继承中华优秀传统文化遗产，弘扬优秀传统文化精神，我们曾编纂了全注全译本《史记》，对《史记》130篇全文进行了解题和译注，出版后引起社会广泛关注和好评。但由于《史记》体大思精，具有百科全书的特点，一般读者很难全部阅读。为了普及《史记》，我们在原来全注全译本的基础上进行精选，以人物为主题，选择《史记》中的30篇作品予以翻译。读者以此入门，首先认识《史记》中的主要人物，然后逐渐深入阅读《史记》全书。

我们的选编原则是，选择在历史上影响较大的人物，而且适当注意到各个阶层。选择《史记》本纪、世家、列传中故事性较强的作品，便于读者记忆。由于篇幅所限，选择作品时，有些是全篇，如《项羽本纪》；有些则是从原著中挑选出独立成篇的部分，如《五帝本纪》中的黄帝；有些是在不影响整体传记的前提下把长篇文学作品删除，如《司马相如列传》中的辞赋。总之，本次精选，既要体现司马迁人物传记的独特思想、艺术魅力，又要便于读者阅读接受，使之能轻轻松松进入《史记》的文化殿堂。

编　者

2023年2月26日于古城西安

目录

治国贤相管仲 / 选自《管晏列传》 001

道家先祖老子 / 选自《老子韩非列传》 004

兵圣孙武 / 选自《孙子吴起列传》 007

纵横家苏秦 / 选自《苏秦列传》 009

礼贤下士魏无忌 / 选自《魏公子列传》 029

将相名臣廉颇蔺相如 / 选自《廉颇蔺相如列传》 039

奇人田单 / 选自《田单列传》 051

爱国诗人屈原 / 选自《屈原贾生列传》 055

秦朝丞相李斯 / 选自《李斯列传》 063

兵仙韩信 / 选自《淮阴侯列传》 086

制定朝仪的叔孙通 / 选自《刘敬叔孙通列传》 108

直言敢谏张释之 / 选自《张释之冯唐列传》 115

神医扁鹊 / 选自《扁鹊仓公列传》 120

飞将军李广 / 选自《李将军列传》 127

赋圣司马相如 / 选自《司马相如列传》 136

儒学大师董仲舒 / 选自《儒林列传》 143

开辟丝绸之路的张骞 / 选自《大宛列传》 145

史圣司马迁 / 选自《太史公自序》 155

治国贤相管仲

选自《管晏列传》

　　管仲夷吾者，颍上人也。少时常与鲍叔牙游，鲍叔知其贤。管仲贫困，常欺鲍叔，鲍叔终善遇之，不以为言。已而鲍叔事齐公子小白，管仲事公子纠。及小白立，为桓公，公子纠死，管仲囚焉。鲍叔遂进管仲。管仲既用，任政于齐，齐桓公以霸，九合诸侯，一匡天下，管仲之谋也。

◎**大意**　管仲名夷吾，是颍上人。他年轻时经常跟鲍叔牙交游，鲍叔知道他很有才德。管仲贫乏困穷，经商时常常多占鲍叔的财物，鲍叔却一直友好地对待他，不因为这事议论他。不久鲍叔侍奉齐国公子小白，管仲侍奉公子纠。等到小白即位为桓公，公子纠被杀，管仲被囚禁。鲍叔就推荐管仲。管仲被任用后，在齐国执掌政事，齐桓公因而成为霸主，多次盟会诸侯，匡正天下所有事务，靠的是管仲的智谋。

管仲曰："吾始困时，尝与鲍叔贾，分财利多自与，鲍叔不以我为贪，知我贫也。吾尝为鲍叔谋事而更穷困，鲍叔不以我为愚，知时有利不利也。吾尝三仕三见逐于君，鲍叔不以我为不肖，知我不遭时也。吾尝三战三走，鲍叔不以我为怯，知我有老母也。公子纠败，召忽死之，吾幽囚受辱，鲍叔不以我为无耻，知我不羞小节而耻功名不显于天下也。生我者父母，知我者鲍子也。"

◎**大意** 管仲说："我当初贫困的时候，曾经和鲍叔牙一道经商，分财利时我多分给自己，鲍叔牙不认为我贪财，知道我很贫穷。我曾经替鲍叔牙谋事反而使他更穷困，鲍叔牙不认为我愚笨，知道时机有利和不利。我曾经多次做官又多次被君主罢斥，鲍叔牙不认为我不贤，知道我没有遇上好时运。我曾多次作战多次逃跑，鲍叔牙不认为我胆怯，知道我家有老母。公子纠失败，召忽自杀，我被囚禁受辱，鲍叔牙不认为我没有廉耻，知道我不拘泥于小节，而以功名不显扬于天下为耻辱。生我的是父母，了解我的是鲍叔牙先生！"

鲍叔既进管仲，以身下之。子孙世禄于齐，有封邑者十余世，常为名大夫。天下不多管仲之贤而多鲍叔能知人也。

◎**大意** 鲍叔牙推荐管仲以后，自己位居其下。子孙世代都在齐国做官，领有封地达十多代，常常成为有名的大夫。天下人不推重管仲的贤能，而称颂鲍叔牙能够识拔人才。

管仲既任政相齐，以区区之齐在海滨，通货积财，富国强兵，与俗同好恶。故其称曰："仓廪实而知礼节，衣食足而知荣辱，上服度则六亲固。四维不张，国乃灭亡。下令如流水之原，令顺民心。"故论卑而易行。俗之所欲，因而予之；俗之所否，因而去之。

◎**大意** 管仲在齐国掌管政事担任国相以后，凭借处在东海边上的小小齐国，流通货物，积累资财，使得国家富足、兵力强大，制定的政策与百姓同好恶。所以他说:"仓库充实百姓就懂得礼节,衣食充足百姓就懂得荣辱,在上位的人遵守法度,父母、兄弟、妻子才能亲密团结。礼义廉耻如果不能发扬,国家就会灭亡。颁布的命令就像流水的源头,使它能顺应百姓的心愿。"所以他政令简易而又容易推行。百姓所需要的,就顺着意愿给予他们;百姓所反对的,就顺着意愿而废弃。

其为政也,善因祸而为福,转败而为功。贵轻重,慎权衡。桓公实怒少姬,南袭蔡,管仲因而伐楚,责包茅不入贡于周室。桓公实北征山戎,而管仲因而令燕修召公之政。于柯之会,桓公欲背曹沫之约,管仲因而信之,诸侯由是归齐。故曰:"知与之为取,政之宝也。"

◎**大意** 管仲在处理政事时,善于化祸为福,化失败为成功。重视财政经济,谨慎权衡事情的利弊。齐桓公本来因为少姬改嫁而发怒,南下袭击蔡国,管仲趁机讨伐楚国,谴责它不把包茅进贡给周朝。齐桓公本来北上征伐山戎,而管仲就顺便让燕国重修召公的政教。在柯地会盟时,齐桓公想背弃与曹沫的盟约,管仲顺应形势让齐桓公信守盟约,诸侯因此归附齐国。所以说:"知道给予就是为了获取,这是为政的法宝。"

管仲富拟于公室,有三归、反坫(diàn),齐人不以为侈。管仲卒,齐国遵其政,常强于诸侯。后百余年而有晏子焉。

◎**大意** 管仲的财富和齐国公室人员的相等,有很多房产家室和诸侯宴会的设备,齐国人却不认为他奢侈。管仲死后,齐国遵循他的政策法度,常常比其他诸侯国强盛。一百多年后,齐国又出了晏子。

道家先祖老子

选自《老子韩非列传》

老子者,楚苦县厉乡曲仁里人也,姓李氏,名耳,字聃,周守藏(zàng)室之史也。

◎**大意** 老子是楚国苦县厉乡曲仁里人,姓李,名耳,字聃,做过周朝看管国家藏书室的小吏。

孔子适周,将问礼于老子。老子曰:"子所言者,其人与骨皆已朽矣,独其言在耳。且君子得其时则驾,不得其时则蓬累而行。吾闻之,良贾深藏若虚,君子盛德,容貌若愚。去子之骄气与多欲,态色与淫志,是皆无益于子之身。吾所以告子,若是而已。"孔子去，谓弟子曰："鸟，吾知其能飞；鱼，吾知其能游；兽，吾知其能走。走者可以为罔（网），游者可以为纶，飞者可以为矰（zēng）。至于龙吾不能知，其乘风云而上天。吾今日见老子，其犹龙邪！"

◎**大意** 孔子到周朝国都，打算向老子请教礼的学问。老子说："您所说的，制定它的人尸骨都已腐朽了，只有他们的言论还在。再说君子遇到适当的时势就做官，没有遇到适当的时势就像飞蓬随风飘转似的随遇而安。我听说，会做生意的商人深藏货物，好像空虚无物；君子有很高的德行，外表却像愚钝的人。去掉您的骄气与过多的欲望，抛弃您做作的情态神色与过高的志向，这些都对您本身没有好处。我想要告诉您的，就这些罢了。"孔子离开周都后，对弟子们说："鸟，我知道它能飞；鱼，我知道它能游；兽，我知道它能跑。能跑的可以用网去捕捉它，能游的可以用丝线去钓它，能飞的可以用箭去射它。至于龙我就无法了解，它是怎样乘风驾云而飞上天空的。我今天见到老子，他大概就是龙吧！"

老子修道德，其学以自隐无名为务。居周久之，见周之衰，乃遂去。至关，关令尹喜曰："子将隐矣，强为我著书。"于是老子乃著书上下篇，言道德之意五千余言而去，莫知其所终。

◎**大意** 老子研究道德学问，他的学说以自己韬隐、不求名声为主旨。他居住在周都很长时间，看到周朝的衰微，于是就离开了。到了函谷关，关令尹喜说："您就要隐居了，请尽力为我写本书。"于是老子就写了本书，这本书分上下两篇，阐述有关道德的内容，共五千多字，然后老子就离开了，没有人知道他的下落。

或曰：老莱子亦楚人也，著书十五篇，言道家之用，与孔子同时云。

◎**大意** 有人说：老莱子也是楚国人，著书十五篇，阐述道家思想的作用，与孔子是同一时代的人。

盖老子百有（又）六十余岁，或言二百余岁，以其修道而养寿也。

◎**大意** 老子大概活了一百六十多岁，也有人说他活了二百多岁，因为他能修道养心所以长寿。

自孔子死之后百二十九年,而史记周太史儋见秦献公曰:"始秦与周合,合五百岁而离,离七十岁而霸王者出焉。"或曰儋即老子,或曰非也,世莫知其然否。老子,隐君子也。

◎**大意** 孔子死后一百二十九年,史书记载周太史儋见秦献公说:"当初秦国与周朝合并,合并了五百年就分开了,分开七十年后称霸称王的人就出现了。"有人说太史儋就是老子,也有人说不是,世上没有人知道哪种说法正确。老子是个隐居的君子。

老子之子名宗,宗为魏将,封于段干。宗子注,注子宫,宫玄孙假,假仕于汉孝文帝。而假之子解为胶西王卬(áng)太傅,因家于齐焉。

◎**大意** 老子的儿子叫李宗,李宗是魏国的将军,封地在段干。李宗的儿子叫李注,李注的儿子叫李宫,李宫的玄孙叫李假,李假在汉文帝朝做官。李假的儿子李解是胶西王刘卬的太傅,因而世代居住在齐地。

世之学老子者则绌(黜)儒学,儒学亦绌(黜)老子。"道不同不相为谋",岂谓是邪?李耳无为自化,清静自正。

◎**大意** 世上学习老子学说的人就排斥儒家学说,学习儒家学说的人也排斥老子学说。"主张不同不能共同谋事",难道说的是这种情况吗?李耳主张不必作为,而百姓自然会感化,内心清虚明静,百姓自然变得正直。

兵圣孙武

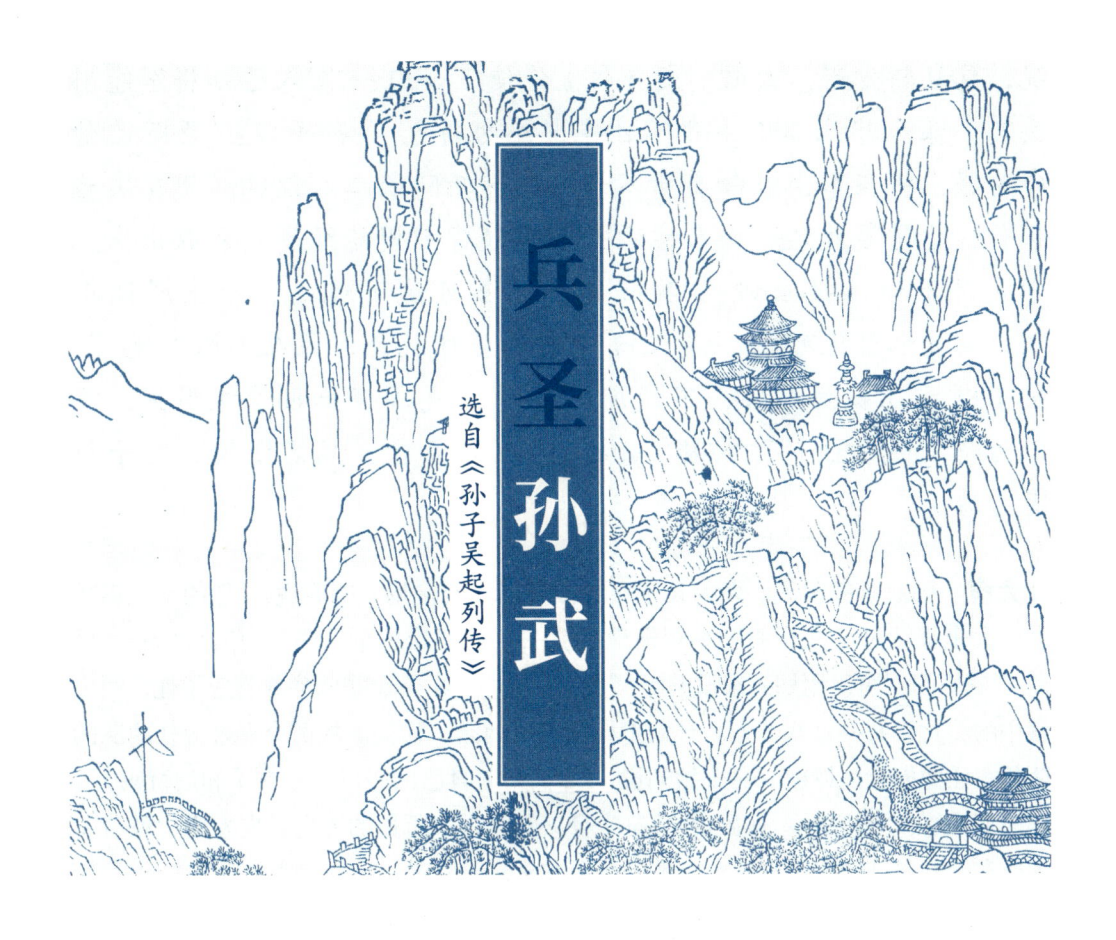

选自《孙子吴起列传》

孙子武者，齐人也。以兵法见于吴王阖（hé）庐。阖庐曰："子之十三篇，吾尽观之矣，可以小试勒兵乎？"对曰："可。"阖庐曰："可试以妇人乎？"曰："可。"于是许之，出宫中美女，得百八十人。孙子分为二队，以王之宠姬二人各为队长，皆令持戟。令之曰："汝知而心与左右手背乎？"妇人曰："知之。"孙子曰："前，则视心；左，视左手；右，视右手；后，即视背。"妇人曰："诺。"约束既布，乃设铁钺（fū yuè），即三令五申之。于是鼓之右，妇人大笑。孙子曰："约束不明，申令不熟，将之罪也。"复三令五申而鼓之左，妇人复大笑。孙子曰："约束不明，申令不熟，将之罪也；既已明而不如法者，吏士之罪也。"乃欲斩左右队长。吴王从台上观，见且斩爱姬，大骇。趣（促）使使下令曰："寡人已知将军能用兵矣。寡人非此二姬，食不甘味，愿勿斩也。"孙子曰："臣既已受命为将，将在军，君命有所不受。"遂斩队长二人以徇。用其次为队长，于是复鼓之。妇人左右前后跪起皆中规矩绳墨，无敢出声。于是孙子使使报王曰："兵既整齐，王可试下观之，唯王所欲用之，虽赴水火犹可也。"吴王曰："将军罢休就舍，寡人不愿下观。"孙子曰："王徒好其言，不能用其实。"于是阖庐知孙子能用兵，卒以为将。西破强楚，入郢（yǐng），北威齐晋，显名诸侯，孙子与有力焉。

◎ **大意** 孙武是齐国人。因为长于兵法被吴王阖庐接见。阖庐说："您的十三篇兵书，我全都读过了，您能够小规模地试验一下如何指挥军队吗？"孙武回答："可以。"阖庐问："可以用妇人来试验吗？"孙武说："可以。"于是阖庐就答应了他，叫出宫中的美女，共一百八十人。孙武把她们编成两队，让吴王的两个宠姬分任两队的队长，让她们全体持戟。命令她们说："你们知道自己的心口、左右手和后背吗？"妇人们回答："知道！"孙武说："向前看，就看心口所指的方向；向左看，就看左手所在的方向；向右看，就看右手所在的方向；向后看，就看后背所对的方向。"妇人们答道："是。"各项操练规程已经宣布明白，就陈设好斧、钺等刑具，又把各项操练规程重复了几遍，然后击鼓传令让她们向右，妇人们大笑。孙武说："操练规程不明确，申述命令不熟悉，这是将领的过错。"又重复了几遍操练规程，再击鼓传令让她们向左，妇人们又大笑。孙武说："操练规程不明确，申述命令不熟悉，这是将领的过错。号令已很明确仍不按规程去操练，这是军官和士兵的过错。"就要杀左右两队的队长。吴王在台上观看，看到孙武要杀掉自己的爱姬，大吃一惊，急忙派使者下达命令说："寡人已经知道将军善于用兵了。寡人没有这两个侍妾，吃饭都没味道，希望不要杀她们。"孙武说："臣既然接受命令做了将军，将军在军营中，国君的命令有的可以不接受。"就杀了两个队长示众。依次弟再派二姬做队长。然后又击鼓发令。妇人们向左、向右、向前、向后、蹲下、站起都符合操练规程，再没有谁敢出声。这时孙武派使者报告吴王说："队伍已经训练整齐，大王可以试着下来检阅她们，任凭大王怎样使用她们，即使让她们赴汤蹈火也完全可以。"吴王说："将军解散队伍到馆舍休息吧，寡人不想下去观看。"孙武说："大王只是喜欢我的兵书，却不能让我实际用兵。"由此阖庐知道孙武善于用兵，最终任用他为将军。后来吴国向西打败强大的楚国，攻入郢都，向北威震齐国和晋国，在诸侯国中显扬名声，孙武都参与并出了大力。

纵横家苏秦

选自《苏秦列传》

苏秦者,东周雒阳人也。东事师于齐,而习之于鬼谷先生。

◎**大意** 苏秦是东周雒阳人。他曾经东行到齐国去拜师,在鬼谷先生那里学习。

出游数岁,大困而归。兄弟嫂妹妻妾窃皆笑之,曰:"周人之俗,治产业,力工商,逐什二以为务。今子释本而事口舌,困,不亦宜乎!"苏秦闻之而惭,自伤,乃闭室不出,出其书遍观之。曰:"夫士业已屈首受书,而不能以取尊荣,虽多亦奚以为!"于是得周书《阴符》,伏而读之。期年,以出揣摩,曰:"此可以说当世之君矣。"求说周显王。显王左右素习知苏秦,皆少之,弗信。

◎ **大意**　苏秦外出游历了几年，极其穷困地回到家里。他的哥哥、弟弟、嫂子、妹妹、妻子、侍妾背地里都讥笑他，说："周人的生活习俗，是治理产业，从事工商业，以追求其中十分之二的利润为第一要务。现在你放弃本业而卖弄口舌，不得意，不是很自然的吗！"苏秦听到这话感到惭愧，暗自伤心，就关门不出，拿出全部藏书阅读一遍，说："读书人已经接受书中所讲的道理，却不能凭此取得荣华富贵，即使读书再多又有什么用处！"于是得到周地流传的书《阴符》，埋头苦读。一年后，他悟出了揣摩人心意的诀窍，说："凭此可以游说当代的国君了。"他请求游说周显王，周显王的左右近臣一向熟悉了解苏秦，都轻视他，不相信他的游说之辞。

乃西至秦。秦孝公卒。说惠王曰："秦四塞之国，被山带渭，东有关河，西有汉中，南有巴蜀，北有代马，此天府也。以秦士民之众，兵法之教，可以吞天下，称帝而治。"秦王曰："毛羽未成，不可以高蜚（飞）；文理未明，不可以并兼。"方诛商鞅，疾辩士，弗用。

◎ **大意**　苏秦就西行到了秦国，这时秦孝公已死。苏秦就游说秦惠王道："秦国是四面都有天险的国家，背靠群山而襟带渭河，东边有函谷关和黄河，西边有汉中，南边有巴郡和蜀都，北边有代地胡马之利，这是天然的府库。凭着秦国众多的百姓，严格的军事训练，可以吞并天下，成就帝业而长治久安。"秦惠王说："鸟的羽毛没有长成，不能高飞；国家的政治没有走上正路，不能兼并天下。"秦国刚杀了商鞅，憎恨能言善辩的人，没有任用苏秦。

乃东之赵。赵肃侯令其弟成为相，号奉阳君。奉阳君弗说（悦）之。

◎ **大意**　苏秦就东行到了赵国。赵肃侯任用他的弟弟赵成为相国，号称奉阳君。奉阳君讨厌苏秦。

去游燕，岁余而后得见。说燕文侯曰："燕东有朝鲜、辽东，北有林胡、楼烦，西有云中、九原，南有滹沱（hū tuó）、易水，地方二千余里，带甲数十万，车六百乘，骑六千匹，粟支数年。南有碣（jié）石、雁门之饶，北有枣栗之利，民虽不佃（tián）作而足于枣栗矣。此所谓天府者也。

◎**大意**　苏秦去游说燕国，一年多后才被召见。于是他游说燕文侯道："燕国东边有朝鲜、辽东，北边有林胡和楼烦，西边有云中、九原，南边有滹沱河、易水，土地方圆两千多里，兵士几十万，战车六百辆，战马六千匹，粮食可以供给几年。南面有碣石、雁门的肥沃土地，北边有枣子、栗子的收益，百姓即使不耕种田地而枣子、栗子的收入也够用了。这就是人们所说的天然府库。

"夫安乐无事，不见覆军杀将，无过燕者。大王知其所以然乎？夫燕之所以不犯寇被甲兵者，以赵之为蔽其南也。秦赵五战，秦再胜而赵三胜。秦赵相毙，而王以全燕制其后，此燕之所以不犯寇也。且夫秦之攻燕也，逾云中、九原，过代、上谷，弥地数千里，虽得燕城，秦计固不能守也。秦之不能害燕亦明矣。今赵之攻燕也，发号出令，不至十日而数十万之军军于东垣矣。渡滹沱，涉易水，不至四五日而距国都矣。故曰秦之攻燕也，战于千里之外；赵之攻燕也，战于百里之内。夫不忧百里之患而重千里之外，计无过于此者。是故愿大王与赵从亲，天下为一，则燕国必无患矣。"

◎**大意**　"安居乐业没有战争，看不到覆败的军队、被杀的将领，没有能比得上燕国的。大王知道其中的原因吗？燕国不被侵犯和遭受战争，是因为赵国在南面做了屏障。秦国、赵国之间打了五次仗，秦国两次取胜而赵国三次取胜。秦国、赵国互相拼杀，而大王以完好的燕国从背后牵制它，这就是燕国不受侵犯的原因。况且秦国攻打燕国，要越过云中、九原，经过代郡、上谷，穿行几千里，即使能攻下燕城，秦国也会考虑到根本守不住。秦国不能危害燕国也就很明显了。现在赵国要是攻打燕国，发布号令，不到十天，几十万大军就会进驻东垣了。接着渡过滹沱，涉过易水，不到四五天就能抵达燕国都城了。所以说秦国攻打燕国，是在千里之外作战；赵国攻打燕国，是在百里之内作战。不担心百里之内的祸患，却看重千里之外的战争，策略上的错误再没有比这更严重的了。因此我希望大王与赵国合纵亲善，使天下结为一体，那么燕国肯定没有外患了。"

文侯曰："子言则可，然吾国小，西迫强赵，南近齐，齐、赵强国也。子必欲合从以安燕，寡人请以国从。"

◎**大意**　燕文侯说："你的话虽然对，但是我国很小，西边靠近强大的赵国，南边接近齐国，齐国、赵国是强国。先生一定想要用合纵联盟来保证燕国的安全，我愿意以燕国相从。"

于是资苏秦车马金帛以至赵。而奉阳君已死，即因说赵肃侯曰："天下卿相人臣及布衣之士，皆高贤君之行义，皆愿奉教陈忠于前之日久矣。虽然，奉阳君妒而君不任事，是以宾客游士莫敢自尽于前者。今奉阳君捐馆舍，君乃今复与士民相亲也，臣故敢进其愚虑。

◎**大意**　于是燕文侯资助苏秦车马、金子、布帛，让他去赵国。而奉阳君已经死了，苏秦就趁机游说赵肃侯道："天下的卿相大臣和平民身份的读书人，都敬重您这位贤明君主的操行节义，早就想听从您的教导，在您面前倾诉忠言。尽管这样，奉阳君嫉妒贤能而您又不理事，因此宾客和游说之士没有谁敢在您面前尽心效力。现在奉阳君已经死了，您如今又与士人、民众相亲近，我这才敢进献愚昧的意见。

"窃为君计者，莫若安民无事，且无庸有事于民也。安民之本，在于择交，择交而得则民安，择交而不得则民终身不安。请言外患：齐秦为两敌而民不得安，倚秦攻齐而民不得安，倚齐攻秦而民不得安。故夫谋人之主，伐人之国，常苦出辞断绝人之交也。愿君慎勿出于口。请别白黑，所以异阴阳而已矣。君诚能听臣，燕必致旃（zhān）（毡）裘狗马之地，齐必致鱼盐之海，楚必致橘柚之园，韩、魏、中山皆可使致汤沐之奉，而贵戚父兄皆可以受封侯。夫割地包利，五伯（霸）之所以覆军禽（擒）将而求也；封侯贵戚，汤武之所以放弑而争也。今君高拱而两有之，此臣之所以为君愿也。

◎**大意**　"我私下为您考虑，不如安定百姓平安无事，并且不要生事，劳烦百姓。安定百姓的根本，在于选择邦交。邦交选择得当，百姓就能安定；邦交选择不得当，百姓就一辈子不能安定。请允许我再说说外患：把齐国和秦国作为两个敌人，百姓就无法安定；投靠秦国攻打齐国，百姓不能安定；投靠齐国攻打秦国，百姓也不能安定。所以谋害别人的君主，攻打别人的国家，常常苦于公开断绝跟别人的外交。希望您谨慎，不要把这种意思说出口。请允许我以辨别黑色和白色做比方，这是为了区别阴阳罢了。您真能听我的，燕国一定会献出盛产毛毡、皮衣和良狗、良马的土地，齐国一定会献上盛产鱼和盐的海域，楚国一定会献上盛产橘子和柚子的园林，韩国、魏国、中山国也都会献出供您收取赋税的私邑，而您尊贵的亲戚父兄都可以得到封侯的奖赏。让别国割让土地垄断权利，这是五霸打败敌军、俘虏敌将才能求到的；让自己尊贵的亲戚封侯，这是商汤和周武王流放和杀死国君才争到的。现在您高高地拱起手而两种好处都得到了，这是我替您希望得到的结果。

"今大王与秦，则秦必弱韩、魏；与齐，则齐必弱楚、魏。魏弱则割河外，韩弱则效宜阳，宜阳效则上郡绝，河外割则道不通，楚弱则无援。此三策者，不可不孰（熟）计也。

◎**大意** "现在大王如果支持秦国，那么秦国就一定会削弱韩国和魏国；如果支持齐国，那么齐国就一定会削弱楚国和魏国。魏国被削弱就会割让黄河以南的土地，韩国被削弱就会献出宜阳，献出宜阳就会使上郡处于绝境，割让黄河以南的土地而通往上郡的道路就会断绝，楚国被削弱而赵国就失去了外援。这三种策略，不能不仔细考虑啊。

"夫秦下轵道，则南阳危；劫韩包周，则赵氏自操兵；据卫取卷，则齐必入朝秦。秦欲已得乎山东，则必举兵而向赵矣。秦甲渡河逾漳，据番吾，则兵必战于邯郸之下矣。此臣之所为君患也。

◎**大意** "秦军攻占轵道，那么南阳就危险；夺取韩国的南阳，包围周之雒阳，那么赵国人就得自己拿起武器；占据卫国夺取卷城，那么齐国人一定会向秦国称臣。秦国的欲望在山东地区得到满足后，一定会发兵进攻赵国。秦国的精锐士兵渡过黄河、越过漳河，占据番吾，那么秦国和赵国的军队一定会在邯郸城下交战。这就是我所替您忧虑的。

"当今之时，山东之建国莫强于赵。赵地方二千余里，带甲数十万，车千乘，骑万匹，粟支数年。西有常山，南有河漳，东有清河，北有燕国。燕固弱国，不足畏也。秦之所害于天下者莫如赵，然而秦不敢举兵伐赵者，何也？畏韩、魏之议其后也。然则韩、魏，赵之南蔽也。秦之攻韩、魏也，无有名山大川之限，稍蚕食之，傅国都而止。韩、魏不能支秦，必入臣于秦。秦无韩、魏之规，则祸必中（zhòng）于赵矣。此臣之所为君患也。

◎**大意**　"当今，在山东一带建立的国家，没有比赵国更强大的。赵国的土地方圆两千多里，有精兵几十万，有战车千辆，有战马万匹，粮食可以供应好几年。西面有常山，南面有黄河、漳河，东面有清河，北面有燕国。燕国本来就是个弱国，不值得害怕。天下诸国中秦国最想攻取的没有谁比得上赵国，然而秦国不敢发兵攻打赵国，为什么呢？是怕韩国、魏国在背后谋算。这样看来，韩国和魏国就是赵国南边的屏障。秦国进攻韩国和魏国，没有名山大川的阻隔，逐渐蚕食，逼近韩国和魏国的都城才罢休。韩国、魏国不能抵挡秦国，一定会向秦国臣服。秦国没有韩国、魏国的阻隔，那么灾祸就必然落到赵国的头上。这就是我替您忧虑的地方。

"臣闻尧无三夫之分，舜无咫尺之地，以有天下；禹无百人之聚，以王诸侯；汤武之士不过三千，车不过三百乘，卒不过三万，立为天子：诚得其道也。是故明主外料其敌之强弱，内度其士卒贤不肖，不待两军相当而胜败存亡之机固已形于胸中矣，岂掩（掩）于众人之言而以冥冥决事哉！

◎**大意**　"我听说唐尧没有三夫的田地，虞舜没有尺寸的土地，他们却能拥有天下；夏禹没有聚集一百人，却在诸侯中称王；商汤、周武王的射手不过三千，战车不过三百辆，兵士不过三万人，却登位做了天子：他们确实掌握了谋取天下的策略。因此贤明的君主对外能预料敌人的强弱，对内能衡量自己士兵的好坏，不等两军对抗交战而胜败存亡的先机就已在胸中形成了，怎么会被一般人的言论所蒙蔽而糊里糊涂地决定大事呢！

"臣窃以天下之地图案之，诸侯之地五倍于秦，料度诸侯之卒十倍于秦，六国为一，并力西乡（向）而攻秦，秦必破矣。今西面而事之，见臣于秦。夫破人之与破于人也，臣人之与臣于人也，岂可同日而论哉！

◎**大意**　"我私下根据天下的地图来推算，各诸侯国的土地是秦国的五倍，估计各诸侯国的士兵是秦国的十倍。六个诸侯国成为一体，合力向西攻打秦国，秦国一定会被打败。现在您面向西侍奉秦国，向秦国称臣。打败别人与被别人打败，使别人做臣子与做别人的臣子，难道可以同日而语吗！

"夫衡人者，皆欲割诸侯之地以予秦。秦成，则高台榭，美宫室，听竽瑟之音，前有楼阙轩辕，后有长姣美人，国被秦患而不与其忧。是故夫衡人日夜务以秦权恐愒（hè）诸侯以求割地，故愿大王孰（熟）计之也。

◎**大意**　"那些主张连横策略的人，都想把诸侯国的土地割给秦国。秦国成就了霸业，他们就可以高筑楼台亭阁，装饰宫殿房屋，听美妙的音乐，前边有楼阁宫阙、高大的辕门，后边有高挑的美女，诸侯国遭受秦国的祸害而主张连横策略的人不分担忧患。所以说主张连横策略的人日夜都用秦国的权威来恫吓威胁诸侯国，要求割让土地，希望大王仔细考虑这个问题。

"臣闻明主绝疑去谗，屏（摒）流言之迹，塞朋党之门，故尊主广地强兵之计臣得陈忠于前矣。故窃为大王计，莫如一韩、魏、齐、楚、燕、赵以从亲，以畔（叛）秦。令天下之将相会于洹（huán）水之上，通质，刳（kū）白马而盟。要约曰：'秦攻楚，齐、魏各出锐师以佐之，韩绝其粮道，赵涉河漳，燕守常山之北。秦攻韩魏，则楚绝其后，齐出锐师而佐之，赵涉河漳，燕守云中。秦攻齐，则楚绝其后，韩守城皋，魏塞其道，赵涉河漳、博关，燕出锐师以佐之。秦攻燕，则赵守常山，楚军武关，齐涉勃海，韩、魏皆出锐师以佐之。秦攻赵，则韩军宜阳，楚军武关，魏军河外，齐涉清河，燕出锐师以佐之。诸侯有不如约者，以五国之兵共伐之。'六国从亲以宾秦，则秦甲必不敢出于函谷以害山东矣。如此，则霸王之业成矣。"

◎**大意**　"我听说贤明的君主决断疑难、排除谗言，摒除流言的来源，堵塞结党营私的门路，所以我才能在您面前陈述推尊主上、扩充土地、增强兵力的计谋。因此私下为您谋划，不如将韩国、魏国、齐国、楚国、燕国、赵国联合为一体，相互亲近，凭此对抗秦国。让天下的将、相在洹水边举行盟会，互相交换人质，杀白马结盟誓。订立盟约说：'如果秦国军队攻打楚国，齐国和魏国各自出动精兵援助楚国，韩国军队断绝秦国军队的运粮道路，赵国军队渡过黄河、漳河，燕国军队防守在常山北面。如果秦国军队攻打韩国和魏国，那么楚国军队就截断秦国军队的后路，齐国出动精兵援助，赵军渡过黄河、漳河，燕国军队防守云中。如果秦国军队攻打齐国，那么楚国军队就截断它的后路，韩国军队防守成皋，魏国军队堵住秦国军队进攻的要道，赵国军队渡过黄河、漳河，通过博关，燕国也派精兵援助。如果秦国军队攻打燕国，那么赵国军队防守常山，楚国驻军武关，齐国军队渡过渤海，韩国、魏国都出精兵援助。如果秦国军队攻打赵国，那么韩国就驻军宜阳，楚国驻军武关，魏国屯军河外，齐国军队渡过清河，燕国也派精兵支援。各诸侯国有不遵守盟约的，便联合五国军队共同讨伐它，六国合纵共同对抗秦国，那么秦国军队一定不敢出函谷关来危害山东各国了。这样，霸王的事业就成功了。”

赵王曰：“寡人年少，立国日浅，未尝得闻社稷之长计也。今上客有意存天下，安诸侯，寡人敬以国从。”乃饰车百乘，黄金千溢（镒），白璧百双，锦绣千纯，以约诸侯。

◎**大意** 赵肃侯说：“我年纪轻，继承赵国王位的时间很短，还没有听过治国的长远之计。现在您这样尊贵的客人有心保全天下，安定诸侯，我愿意让赵国依从您的策略。”就资助苏秦有纹彩装饰的车子一百辆，金子一千镒，白璧一百对，锦绣一千匹，用来邀约各诸侯国结盟。

是时周天子致文、武之胙于秦惠王。惠王使犀首攻魏，禽（擒）将龙贾，取魏之雕阴，且欲东兵。苏秦恐秦兵之至赵也，乃激怒张仪，入之于秦。

◎**大意** 这时的周天子把祭祀文王、武王的祭肉赐给秦惠王。秦惠王派犀首率秦军攻打魏国，活捉魏将龙贾，攻占了魏国的雕阴，并打算向东进军。苏秦担心秦军打到赵国，就用计激怒张仪，逼张仪投奔秦国。

于是说韩宣王曰：“韩北有巩洛、成皋之固，西有宜阳、商阪（bǎn）之塞，东有宛、穰（ráng）、洧（wěi）水，南有陉（xíng）山，地方九百余里，带甲数十万，天下之强弓劲弩皆从韩出。谿子、少府时力、距来者，皆射六百步之外。韩卒超足而射，百发不暇止，远者括（栝）蔽洞胸，近者镝弇（dí yǎn）心。韩卒之剑戟皆出于冥山、棠溪、墨阳、合赙、邓师、宛冯、龙渊、太阿，皆陆断牛马，水截鹄雁，当敌则斩。坚甲、铁幕、革抉、㕹芮（fá ruì），无不毕具。以韩卒之勇，被（披）坚甲，跖劲弩，带利剑，一人当百，不

纵横家苏秦

足言也。夫以韩之劲与大王之贤，乃西面事秦，交臂而服，羞社稷而为天下笑，无大于此者矣。是故愿大王孰（熟）计之。

◎**大意**　于是苏秦游说韩宣王道："韩国北面有巩洛、成皋的险固，西面有宜阳、商阪的要塞，东面有宛、穰和洧水，南面有陉山，土地方圆九百多里，精锐军队几十万，天下张力强劲的弓弩都产自韩国。谿子、少府制造的时力弓和距来弓弩，都能射到六百步以外，韩国士兵抬脚踏射连弩，连续发射一百多支箭而不停歇，远的能射穿胸部，近的能射穿心房。韩国士兵持有的剑戟都出产于冥山、棠溪、墨阳、合赙、邓师、宛冯、龙渊、太阿，都能在陆地上斩杀牛马，在水中截击天鹅和大雁，一与敌人交战就能斩杀对方。坚固的铠甲、铁衣、皮制的臂衣、系在盾牌上的绶带，没有不具备的。凭着韩军的勇敢，身穿坚甲，脚踏劲弩，腰佩利剑，一个人抵挡一百个人，也不在话下。凭着韩军的强大和大王的贤明，竟然向西方去侍奉秦国，拱手称臣，使国家蒙受耻辱而被天下人耻笑，没有比这更严重的了。因此希望大王仔细考虑这件事。

"大王事秦，秦必求宜阳、成皋。今兹效之，明年又复求割地。与则无地以给之，不与则弃前功而受后祸。且大王之地有尽而秦之求无已，以有尽之地而逆无已之求，此所谓市怨结祸者也，不战而地已削矣。臣闻鄙谚曰：'宁为鸡口，无为牛后。'今西面交臂而臣事秦，何异于牛后乎？夫以大王之贤，挟强韩之兵，而有牛后之名，臣窃为大王羞之。"

◎**大意**　"大王侍奉秦国，秦国一定会索取宜阳、成皋。如果现在献给秦国，秦国明年又会要求割让土地。给他却没有那么多土地可给，不给他就会前功尽弃并带来后患。而且大王的土地有限而秦国的索取没有止境，拿有限的土地去满足没有止境的索取，这就是所谓的埋了仇恨、种下祸根，还没有交战而土地已经被削夺了。我听民间有俗话说：'宁愿做鸡的嘴巴，也不做牛的屁股。'现在向西拱手称臣、侍奉秦国，跟牛屁股有什么区别呢？凭着大王的贤明，拥有强大的韩军，却蒙受牛屁股的丑名，我私下替大王感到羞愧。"

于是韩王勃然作色，攘臂瞋（chēn）目，按剑仰天太息曰："寡人虽不肖，必不能事秦。今主君诏以赵王之教，敬奉社稷以从。"

◎**大意**　这时韩宣王一下子变了脸色，捋起袖子，瞪大眼睛，握紧宝剑，仰头望天而大声叹气说："我尽管不算贤能，但也不会侍奉秦国。现在您转告了赵王的指教，我诚恳地把国家交您安排。"

又说魏襄王曰："大王之地，南有鸿沟、陈、汝南、许、鄢（yǎn）、昆阳、召陵、舞阳、新都、新郪（qī），东有淮、颍、煮枣、无胥，西有长城之界，北有河外卷、衍、酸枣，地方千里。地名虽小，然而田舍庐庑（wǔ）之数（cù），曾无所刍（chú）牧。人民之众，车马之多，日夜行不绝，輷（hōng）輷殷殷，若有三军之众。臣窃量大王之国不下楚。然衡人怵王交强虎狼之秦以侵天下，卒（猝）有秦患，不顾其祸。夫挟强秦之势以内劫其主，罪无过此者。魏，天下之强国也；王，天下之贤王也。今乃有意西面而事秦，称东藩，筑帝宫，受冠带，祠春秋，臣窃为大王耻之。

◎**大意** 苏秦又游说魏襄王道："大王的国土，南面有鸿沟、陈、汝南、许、鄢、昆阳、召陵、舞阳、新都、新郪，东面有淮河、颍河、煮枣、无胥，西面有长城作为边界，北面有河外的卷、衍、酸枣，土地方圆千里。国土面积名义上虽小，但田地房屋十分密集，连放养牲畜的地方都没有。人民众多，车马成群，日夜奔驰，络绎不绝，轰轰隆隆，那声势好像是三军士兵发出来的。我私下估计大王的国家并不比楚国小。然而主张连横策略的人想恐吓大王同虎狼一样的秦国交往，来侵吞天下，这样当魏国突然有一天受到秦国加害的时候，其他诸侯国不会分担忧患。那种仗着强秦的势力而对内胁迫自己的国君，罪过没有比这更严重的了。魏国是天下强大的国家，大王是天下贤明的君王。您现在竟然有意向西侍奉秦国，自称为秦国的东方属国，为秦国建造帝王的行宫，接受秦国的服饰制度，春秋两季给秦国献物助祭，我私下替大王感到羞愧。

"臣闻越王句践战敝卒三千人，禽（擒）夫差于干遂；武王卒三千人，革车三百乘，制纣于牧野：岂其士卒众哉，诚能奋其威也。今窃闻大王之卒，武士二十万，苍头二十万，奋击二十万，厮徒十万，车六百乘，骑五千匹。此其过越王句践、武王远矣，今乃听于群臣之说而欲臣事秦。夫事秦必割地以效实，故兵未用而国已亏矣。凡群臣之言事秦者，皆奸人，非忠臣也。夫为人臣，割其主之地以求外交，偷取一时之功而不顾其后，破公家而成私门，外挟强秦之势以内劫其主，以求割地，愿大王孰（熟）察之。

◎ **大意** "我听说越王句践用三千战败的兵士作战，最终在干遂活捉吴王夫差；周武王的士兵只有三千人，蒙着皮革的战车三百辆，最终在牧野制服殷纣王：难道是他们的士兵多吗？其实是因为士兵奋力发挥出自己的威力罢了。现在我私下听说大王的士兵，武士有二十万，以青巾裹头的兵士有二十万，冲锋陷阵的精兵有二十万，后勤兵有十万，战车有六百辆，战马有五千匹。这些都远远超过了越王句践、周武王，您现在却听信群臣的话而打算称臣侍奉秦国。侍奉秦国就一定要割让土地来表示诚意，所以还没有动用军队而国家已经亏损了。凡是群臣中主张侍奉秦国的人，都是奸臣，不是忠臣。他们作为人臣，割让自己国君的土地来求得和外国结交，只求取得一时的成功而不顾这样所带来的后果，破坏公家的利益而成就私家的利益，对外仗着强秦的势力而对内胁迫自己的国君，由此割让土地给秦国，希望大王仔细审查这种情况。

"《周书》曰：'绵绵不绝，蔓蔓奈何？豪（毫）氂（厘）不伐，将用斧柯。'前虑不定，后有大患，将奈之何？大王诚能听臣，六国从亲，专心并力壹意，则必无强秦之患。故敝邑赵王使臣效愚计，奉明约，在大王之诏诏之。"

◎ **大意** "《周书》上说：'细微时不斩断，蔓延开了怎么办？在毫厘大小时不砍伐，长大了就得使用斧头。'事前不考虑成熟，事后就会有大祸患，那时怎么办？大王果真能听从我的意见，使六国合纵结盟相亲近，专心并力、统一意志，一定不会遭受强秦侵犯的祸患。所以敝国的赵王派我来献出计策，奉上明确的公约，全靠大王的诏命去号召大家。"

魏王曰："寡人不肖，未尝得闻明教。今主君以赵王之诏诏之，敬以国从。"

◎ **大意** 魏襄王说："我不够贤明，没听到过高明的指教。现在您用赵王的诏命来指教，我诚恳地让魏国依从您。"

因东说齐宣王曰："齐南有泰山，东有琅邪，西有清河，北有勃海，此所谓四塞之国也。齐地方二千余里，带甲数十万，粟如丘山。三军之良，五家之兵，进如锋矢，战如雷霆，解如风雨。即有军役，未尝倍（背）泰山，绝清河，涉勃海也。临菑之中七万户，臣窃度之，不下户三男子，三七二十一万，不待发于远县，而临菑之卒固已二十一万矣。临菑甚富而实，其民无不吹竽鼓瑟，弹琴击筑，斗鸡走狗，六博蹋鞠者。临菑之涂（途），车毂击，人肩摩，连衽成帷，举袂成幕，挥汗成雨，家殷人足，志高气扬。夫以大王之贤与齐之强，天下莫能当。今乃西面而事秦，臣窃为大王羞之。

◎**大意** 苏秦接着又到东方游说齐宣王道："齐国的南面有泰山，东面有琅琊山，西面有清河，北面有渤海，这就是人们所说的四面都有要塞的国家。齐国土地方圆两千多里，精兵几十万，粮食堆积如山。全军精良，驻守五大都城的精兵，前进时像锋利的箭一样快，作战时像雷霆一样威猛，撤退时像风雨一样迅急。就是有军事行动，敌人也从未翻过泰山，横渡清河，乘船渡过渤海。临菑城内有七万户人家，我私下估计，每户的男子不少于三个，七万户就是二十一万人，不用到远处的县乡去征发，单是临菑的士卒就有二十一万了。临菑十分富裕，这里的人没有不会吹竽鼓瑟、弹琴击筑、斗鸡赛狗、下棋踢球的。临菑的道路上，车轴撞击，人肩摩擦，行人的衣襟连接起来就成了帷帐，行人举起袖子就成了幕布，抹洒汗水就成了雨滴，家家殷实，人人富足，志向高远，意气昂扬。凭着大王的贤明和齐国的富强，天下没有谁能对抗。现在您却向西侍奉秦国，我私下为大王感到羞愧。

"且夫韩、魏之所以重畏秦者，为与秦接境壤界也。兵出而相当，不出十日而战胜存亡之机决矣。韩、魏战而胜秦，则兵半折，四境不守；战而不胜，则国已危，亡随其后。是故韩、魏之所以重与秦战，而轻为之臣也。今秦之攻齐则不然。倍（背）韩、魏之地，过卫阳晋之道，径乎亢父之险，车不得方轨，骑不得比行，百人守险，千人不敢过也。秦虽欲深入，则狼顾，恐韩、魏之议其后也。是故恫疑虚喝，骄矜而不敢进，则秦之不能害齐亦明矣。

◎**大意** "再说韩国、魏国十分害怕秦国，是因为和秦国的边境相连接。军队出动交锋，不超过十天而胜败存亡的趋势就决定了。韩国、魏国如果战胜了秦国，军队也会损失一半，四面的边境也无力防守；韩国、魏国如果不能战胜秦国，那么国家就已危险，亡国之祸也会随之而来。所以韩国、魏国把与秦国交战看得很重，而轻易就对秦国称臣了。现在秦国要攻打齐国就不能这样。秦国背靠韩国、魏国的土地，越过卫国阳晋的通道，经历亢父的险要关塞，战车不能并排通过，骑兵不能并肩行走，只要用一百人守住险地，一千人也过不去。秦国虽想要深入，但像狼一样时时回顾，害怕韩国、魏国从背后谋算它。因此虚张声势，使人害怕，狂妄自大而不敢冒失前进，那么秦国不能危害齐国也就很明显了。

"夫不深料秦之无奈齐何，而欲西面而事之，是群臣之计过也。今无臣事秦之名而有强国之实，臣是故愿大王少留意计之。"

◎**大意** "不能充分估计到秦国对齐国无可奈何这一点，却想向西侍奉秦国，这是群臣策略上的失误。现在如果能听从我说的，就可使齐国没有臣服秦国的丑名而有强国的实效，我因此希望大王稍微考虑一下。"

齐王曰："寡人不敏，僻远守海，穷道东境之国也，未尝得闻余教。今足下以赵王诏诏之，敬以国从。"

◎**大意** 齐宣王说："我不聪明，居住在偏僻遥远的地方，守着大海，齐国是一个道路险阻的东方边境上的国家，没能听到您的教诲。现在您带着赵王的诏命来开导我，我愿意让齐国依从您的安排。"

乃西南说楚威王曰："楚，天下之强国也；王，天下之贤王也。西有黔中、巫郡，东有夏州、海阳，南有洞庭、苍梧，北有陉（xíng）塞、郇（xún）阳，地方五千余里，带甲百万，车千乘，骑万匹，粟支十年。此霸王之资也。夫以楚之强与王之贤，天下莫能当也。今乃欲西面而事秦，则诸侯莫不西面而朝于章台之下矣。

◎**大意** 苏秦又前往西南去游说楚威王道："楚国是天下强大的国家，大王是天下贤明的君主。楚国的西面有黔中、巫郡，东面有夏州、海阳，南面有洞庭湖、苍梧山，北面有陉塞山、郇阳，土地方圆五千多里，精兵有一百万，战车有一千辆，战马有一万匹，粮食储备够十年用的。这就是建立霸王大业的资本。以楚国的强大和您的贤明，天下没有谁能抗衡。现在却想西向侍奉秦国，那么诸侯国就没有哪个不向西在章台之下朝拜秦国了。

"秦之所害莫如楚，楚强则秦弱，秦强则楚弱，其势不两立。故为大王计，莫如从亲以孤秦。大王不从亲，秦必起两军，一军出武关，一军下黔中，则鄢郢动矣。

◎ **大意**　"秦国所忧虑的国家没有能比得上楚国的,楚国强秦国就弱,秦国强楚国就弱,这种对抗势头是不能同时存在的。所以我替大王考虑,不如用合纵联盟来孤立秦国。大王不合纵联盟,秦国一定会出动两支军队,一支军队从武关出击,一支军队进攻黔中,那么楚国国都就要受到威胁了。

"臣闻治之其未乱也,为之其未有也。患至而后忧之,则无及已。故愿大王蚤(早)孰(熟)计之。

◎ **大意**　"我听说在乱子还没发生时就要治理,在兆头还没出现时就要制止。祸患临头而后忧虑它,就来不及了。所以希望大王及早考虑这事。

"大王诚能听臣,臣请令山东之国奉四时之献,以承大王之明诏,委社稷,奉宗庙,练士厉兵,在大王之所用之。大王诚能用臣之愚计,则韩、魏、齐、燕、赵、卫之妙音美人必充后宫,燕、代橐(tuó)驼良马必实外厩。故从合则楚王,衡成则秦帝。今释霸王之业,而有事人之名,臣窃为大王不取也。

◎ **大意**　"大王真能听从我的意见,我愿让山东各诸侯国奉献四季的礼物,来接受大王的英明指示。把国家委托给您,把宗庙交给您,训练兵士、修治兵器,听凭大王调遣。大王要真能采纳我这不高明的计策,那么韩国、魏国、齐国、燕国、赵国、卫国的美妙音乐和美丽女人一定会充满您的后宫,燕国、代地的骆驼、良马就会填满您的马厩。所以合纵结盟成功楚国就称王,连横策略成功秦国就称帝。现在放弃霸王的事业,却蒙受侍奉别人的名声,我私下认为这种做法不可取。

"夫秦,虎狼之国也,有吞天下之心。秦,天下之仇雠也。衡人皆欲割诸侯之地以事秦,此所谓养仇而奉雠者也。夫为人臣,割其主之地以外交强虎狼之秦,以侵天下,卒有秦患,不顾其祸。夫外挟强秦之威以内劫其主,以求割地,大逆不忠,无过此者。故从亲则诸侯割地以事楚,衡合则楚割地以事秦,此两策者相去远矣,二者大王何居焉?故敝邑赵王使臣效愚计,奉明约,在大王诏之。"

◎ **大意**　"秦国是像虎狼一样的国家,有并吞天下的野心。秦国是天下的仇敌。

主张连横策略的人都想割让诸侯国的土地来侍奉秦国，这就是人们所说的供养仇人而侍奉敌人。作为臣子，割让自己国君的土地来对外结交像虎狼一样强暴的秦国，达到侵略别国的目的，最终遭受秦国侵犯却不顾及这种灾祸。对外倚仗强暴的秦国的威势，用来对内胁迫自己的国君，由此求得割让土地的目的，大的叛逆和不忠，没有超过这个的了。所以合纵结盟，各诸侯国就会割让土地来侍奉楚国；连横策略成功，楚国就要割让土地侍奉秦国，这两种策略相差太远了，大王在这二者中选择哪一种呢？所以敝国的赵王派我献上不高明的计谋，奉上明确的盟约，全在大王的指示。"

楚王曰："寡人之国西与秦接境，秦有举巴蜀并汉中之心。秦，虎狼之国，不可亲也。而韩、魏迫于秦患，不可与深谋，与深谋恐反人以入于秦，故谋未发而国已危矣。寡人自料以楚当秦，不见胜也；内与群臣谋，不足恃也。寡人卧不安席，食不甘味，心摇摇然如县（悬）旌而无所终薄（泊）。今主君欲一天下，收诸侯，存危国，寡人谨奉社稷以从。"

◎**大意** 楚威王说："我的国家西面和秦国接壤，秦国有兼并巴蜀和汉中的心思。秦国是像虎狼一样的国家，不能亲近。而韩国、魏国为秦国的侵扰所威胁，不能与这两国进行深入的谋算，跟这两国进行深入的谋算，恐怕反而会背叛我去讨好秦国，所以谋算还没实施而国家就已经危险了。我自己估计用楚国来抵挡秦国，不见得能取胜；在朝廷内与群臣商议，他们不值得信赖。我睡觉睡不安稳，吃饭没味道，心神摇动就像悬挂的旗帜没有依附。现在您想统合天下为一体，收拢各诸侯国，保存危亡的国家，寡人恭敬地奉上楚国，依从您的谋划。"

于是六国从合而并力焉。苏秦为从约长，并相六国。

◎**大意** 这个时候的六国合纵成功而同心合力。苏秦担任合纵联盟的盟约长，同时担任六国的相国。

北报赵王，乃行过雒阳，车骑辎重，诸侯各发使送之甚众，疑（拟）于王者。周显王闻之恐惧，除道，使人郊劳。苏秦之昆弟妻嫂侧目不敢仰视，俯伏侍取食。苏秦笑谓其嫂曰："何前倨而后恭也？"嫂委蛇（wēi yí）蒲服，以面掩地而谢曰："见季子位高金多也。"苏秦喟然叹曰："此一人之身，富贵则亲戚畏惧之，贫贱则轻易之，况众人乎！且使我有雒阳负郭田二顷，吾岂能佩六国相印乎！"于是散千金以赐宗族朋友。初，苏秦之燕，贷人百钱为资，乃得富贵，以百金偿之。遍报诸所尝见德者。其从者有一人独未得报，乃前自言。苏秦曰："我非忘子。子之与我至燕，再三欲去我易水之上，方是时，我困，故望子深，是以后子。子今亦得矣。"

◎**大意**　苏秦北上报告赵肃侯，经过雒阳，随行的车辆、马匹装载着物资，诸侯国各自派遣很多使者护送他，气派能跟周王相比。周显王听到这事很吃惊，便派人清扫街道，在郊外迎接、慰劳他。苏秦的兄弟、妻子、嫂子伏在地上不敢仰头看他，俯伏着服侍他吃饭。苏秦笑着对他的嫂子说："你为什么以前傲慢现在却这样恭顺呢？"嫂子屈着身子匍匐前进，把脸贴着地面道歉说："我看见现在小叔子地位高、金钱多。"苏秦长长地叹息说："同样是我这个人，富贵了亲戚就敬畏我，贫贱了亲属就轻视我，何况是一般人呢！假如我当初在雒阳近郊有二顷耕地，怎么能佩上六国的相印呢！"于是他散发千金赏赐给宗族朋友。当初，苏秦到燕国，曾借别人一百钱作为路费，等到他富贵了，就偿还百金。——报答曾有恩于他的人。有一个随从他的人没有得到报偿，就走上前自己说明。苏秦说："我不是忘记了你。你和我到燕国时，在易水边上再三要离开我，那时我穷困，因此怨恨你，所以把你放在最后。你现在也可以得到报偿了。"

　　苏秦既约六国从亲，归赵，赵肃侯封为武安君，乃投从约书于秦。秦兵不敢窥函谷关十五年。

◎**大意**　苏秦约定六国合纵结盟后，回到赵国，赵肃侯封他为武安君，他就把合纵的盟约文书送到秦国。秦国十五年不敢窥伺函谷关。

　　其后秦使犀首欺齐、魏，与共伐赵，欲败从约。齐、魏伐赵，赵王让苏秦。苏秦恐，请使燕，必报齐。苏秦去赵而从约皆解。

◎**大意**　后来秦国派犀首欺骗齐国、魏国，与齐国和魏国一起攻打赵国，想破坏合纵联盟。齐国、魏国攻打赵国，赵王责备苏秦。苏秦害怕，请求出使燕国，表示一定要报复齐国。苏秦离开赵国而后合纵联盟都瓦解了。

秦惠王以其女为燕太子妇。是岁，文侯卒，太子立，是为燕易王。易王初立，齐宣王因燕丧伐燕，取十城。易王谓苏秦曰："往日先生至燕，而先王资先生见赵，遂约六国从。今齐先伐赵，次至燕，以先生之故为天下笑，先生能为燕得侵地乎？"苏秦大惭，曰："请为王取之。"

◎**大意** 秦惠王把自己的女儿嫁给燕国的太子为妻。这一年，燕文侯逝世，太子继位，就是燕易王。燕易王刚继位，齐宣王趁着燕国在大丧时期攻打燕国，夺取了十座城池。燕易王对苏秦说："以前先生来到燕国，而后先王资助先生去见赵王，就约定六国合纵。现在齐国先攻打赵国，接着又攻打燕国，因为先生的原因让天下耻笑二国，先生能替燕国讨回被侵占的土地吗？"苏秦很惭愧，说："请让我替大王取回失地。"

苏秦见齐王，再拜，俯而庆，仰而吊。齐王曰："是何庆吊相随之速也？"苏秦曰："臣闻饥人所以饥而不食乌喙（huì）者，为其愈充腹而与饿死同患也。今燕虽弱小，即秦王之少婿也。大王利其十城而长与强秦为仇。今使弱燕为雁行而强秦敝其后，以招天下之精兵，是食乌喙之类也。"齐王愀（qiǎo）然变色曰："然则奈何？"苏秦曰："臣闻古之善制事者，转祸为福，因败为功。大王诚能听臣计，即归燕之十城。燕无故而得十城，必喜；秦王知以己之故而归燕之十城，亦必喜。此所谓弃仇雠而得石交者也。夫燕、秦俱事齐，则大王号令天下，莫敢不听。是王以虚辞附秦，以十城取天下。此霸王之业也。"王曰："善。"于是乃归燕之十城。

◎**大意** 苏秦会见齐宣王，连续叩拜，低下头而庆贺，仰起头而哀悼。齐宣王说："为什么庆贺和哀悼跟得这么快呢？"苏秦说："我听说饥饿的人再饿也不吃乌喙，因为用乌喙充腹与饿死一样的结果。现在燕国虽然弱小，燕王还是秦王的女婿。大王贪图燕国十座城池，却长期跟强秦结仇。现在让弱小的燕国打头阵，而强秦在后保障，用来招引天下的精兵，这跟吃乌喙是一回事。"齐宣王紧张得变了脸色说："那怎么办？"苏秦说："我听说古时善于控制事态发展的人，能将灾祸转化为幸福，借失败的机会取得成功。大王真能采纳我的计策，就归还燕国的十座城。燕国白白收回十座城，一定会高兴；秦国得知您是因为秦国而归还了燕国的十座城，也一定会高兴。这就是人们所说的抛弃仇恨而得到金石之交。燕国、秦国都跟齐国交好，那么大王对天下发号施令，没有谁敢不听从。这就是说大王口头上依附秦国，用十座城取得天下。这是霸王的事业。"齐宣王说："好。"于是就把十座城归还燕国。

人有毁苏秦者曰："左右卖国反覆之臣也，将作乱。"苏秦恐得罪，归，而燕王不复官也。苏秦见燕王曰："臣，东周之鄙人也，无有分寸之功，而王亲拜之于庙而礼之于廷。今臣为王却齐之兵而攻得十城，宜以益亲。今来而王不官臣者，人必有以不信伤臣于王者。臣之不信，王之福也。臣闻忠信者，所以自为也；进取者，所以为人也。且臣之说齐王，曾非欺之也。臣弃老母于东周，固去自为而行进取也。今有孝如曾参，廉如伯夷，信如尾生。得此三人者以事大王，何若？"王曰："足矣。"苏秦曰："孝如曾参，义不离其亲一宿于外，王又安能使之步行千里而事弱燕之危王哉？廉如伯夷，义不为孤竹君之嗣，不肯为武王臣，不受封侯而饿死首阳山下。有廉如此，王又安能使之步行千里而行进取于齐哉？信如尾生，与女子期于梁下，女子不来，水至不去，抱柱而死。有信如此，王又安能使之步行千里却齐之强兵哉？臣所谓以忠信得罪于上者也。"燕王曰："若不忠信耳，岂有以忠信而得罪者乎？"苏秦曰："不然。臣闻客有远为吏而其妻私于人者，其夫将来，其私者忧之，妻曰'勿忧，吾已作药酒待之矣'。居三日，其夫果至，妻使妾举药酒进之。妾欲言酒之有药，则恐其逐主母也；欲勿言乎，则恐其杀主父也。于是乎详（佯）僵而弃酒。主父大怒，笞之五十。故妾一僵而覆酒，上存主父，下存主母，然而不免于笞，恶在乎忠信之无罪也夫？臣之过，不幸而类是乎！"燕王曰："先生复就故官。"益厚遇之。

◎**大意** 有人向燕易王诋毁苏秦说："苏秦是个左右摇摆、出卖国家而反复无常的臣子，会作乱的。"苏秦害怕被定罪，就回到燕国，而燕易王不让他担任官职。苏秦求见燕易王说："我本是东周粗鄙的乡下人，没有半点功劳，大王却在宗庙里亲自封我为官，在朝廷上对我以礼相待。现在我替大王退了齐兵而收取十座城，应该更受信任。现在回来而大王不给我封官，肯定有人在大王面前用没有信义这样的话攻击我。我没有信义，正是大王的福分。我听说忠信之人，都是为自己的；讲求进取的人，则是为别人。况且我游说齐王，并没有欺骗他。我把老母抛在东周，本来就是丢掉了个人谋利益的打算。现在有人像曾参一样孝顺，像伯夷一样廉洁，像尾生一样守信，得到这样三个人来侍奉大王，怎么样？"燕王说："足够了。"苏秦说："像曾参一样孝顺，一定不会离开父母在外住一夜，大王又怎么能使他步行千里，替弱小的燕国与处在危险境地的燕王效劳呢？像伯夷一样廉洁，一定会坚守节义，不做孤竹君的继承人，不肯做周武王的臣子，不接受封侯的赏赐，而饿死在首阳山下。廉洁到这种地步，您又怎么能使他步行千里，到齐国去干进取的事业呢？像尾生一样守信，跟女子在桥下约会，女子没有来，洪水来了也不走，抱着桥柱被水淹死了。守信到这种程度，大王又怎么能让他步行千里去退却齐国的强兵呢？我可以说是因为忠信而得罪了在上位的人。"燕易王说："您本来就不讲忠诚，哪里会因忠诚而得罪于人呢？"苏秦说："不是这样。我听说有个人到远方做官而妻子与人私通，丈夫快回来了，与妻子私通的人担心这事。妻子说'不要担心，我已经准备好药酒等着他了'。过了三天，她的丈夫果然回到家，妻子让侍妾把药酒送给丈夫。侍妾想说酒里有毒药，又担心主母被驱逐；不说吧，又担心主母毒死主父。于是她假装跌倒而抛洒了药酒。主父很生气，抽打了她五十下。侍妾跌倒而泼了药酒，对上保护了主父，对下保护了主母，然而免不了被抽打，怎么能说忠信就不会得罪人呢？我的过错，不幸的是正跟这事相似啊！"燕易王说："先生再做原来的官吧。"燕易王越发厚待苏秦了。

易王母，文侯夫人也，与苏秦私通。燕王知之，而事之加厚。苏秦恐诛，乃说燕王曰："臣居燕不能使燕重，而在齐则燕必重。"燕王曰："唯先生之所为。"于是苏秦详（佯）为得罪于燕而亡走齐，齐宣王以为客卿。

◎**大意** 燕易王的母亲，是燕文侯的夫人，跟苏秦私通。燕易王知道了这事，对待他更优厚。苏秦担心被杀，就劝说燕易王道："我留在燕国不能提高燕国的地位，在齐国一定能提高燕国的地位。"燕易王说："先生怎么做都可以。"于是苏秦假装得罪了燕易王而逃奔齐国，齐宣王让他做客卿。

齐宣王卒，湣王即位，说湣王厚葬以明孝，高宫室大苑囿以明得意，欲破敝齐而为燕。燕易王卒，燕哙立为王。其后齐大夫多与苏秦争宠者，而使人刺苏秦，不死，殊而走。齐王使人求贼，不得。苏秦且死，乃谓齐王曰："臣即死，车裂臣以徇于市，曰'苏秦为燕作乱于齐'，如此则臣之贼必得矣。"于是如其言，而杀苏秦者果自出，齐王因而诛之。燕闻之曰："甚矣，齐之为苏生报仇也！"

◎**大意** 齐宣王死后，齐湣王继承齐国王位，苏秦劝说齐湣王用厚葬齐宣王来表明孝心，用高筑宫室、大建苑囿来表明得志，其实想要使齐国破败疲敝而有利于燕国。燕易王死后，姬哙继立为燕王。后来齐国许多大夫和苏秦争宠，派人行刺苏秦，苏秦没有死，重伤逃走了。齐湣王派人捉拿凶手，没有抓到。苏秦临死前，就对齐王说："我就要死了，死后把我五马分尸在街市上示众，说：'苏秦为了燕国在齐国作乱。'这样就可捉住行刺我的凶手。"于是齐湣王就按苏秦说的办，行刺苏秦的人果然自己站了出来，齐湣王因而杀了他。燕国听到这个消息说："太过分了，齐国竟用这种办法替苏先生报仇！"

礼贤下士魏无忌

选自《魏公子列传》

　　魏公子无忌者,魏昭王少子而魏安釐王异母弟也。昭王薨,安釐王即位,封公子为信陵君。是时范雎亡魏相秦,以怨魏齐故,秦兵围大梁,破魏华阳下军,走芒卯。魏王及公子患之。

◎ **大意**　魏国的公子魏无忌这个人,是魏昭王的小儿子,是魏安釐王的异母弟弟。魏昭王死后,安釐王继承王位,封公子魏无忌为信陵君。当时范雎从魏国逃至秦国为相,因为怨恨魏齐,秦军包围了大梁,击败了魏国驻守华阳的下军,赶走了魏将芒卯。为此魏安釐王和公子魏无忌都很担忧。

　　公子为人仁而下士,士无贤不肖皆谦而礼交之,不敢以其富贵骄士。士以此方数千里争往归之，致食客三千人。当是时，诸侯以公子贤，多客，不敢加兵谋魏十余年。

◎**大意**　公子魏无忌为人厚道而尊重士人，士人无论是大才小才，他都谦恭有礼地同他们交往，不敢因自己富贵而以骄横的态度对待士人。因此周围几千里以内的士人都争相归附他，招来食客三千人。在这个时候，各诸侯国因为公子魏无忌贤明，又有很多门客，数十年间都不敢派兵侵犯魏国。

公子与魏王博，而北境传举烽，言"赵寇至，且入界"。魏王释博，欲召大臣谋。公子止王曰："赵王田猎耳，非为寇也。"复博如故。王恐，心不在博。居顷，复从北方来传言曰："赵王猎耳，非为寇也。"魏王大惊，曰："公子何以知之？"公子曰："臣之客有能深得赵王阴事者，赵王所为，客辄以报臣，臣以此知之。"是后魏王畏公子之贤能，不敢任公子以国政。

◎**大意**　公子无忌与魏王下棋，北面边境传来烽火警报，说"赵国出兵进犯，快要攻入边界了"。魏王停止下棋，想召集大臣商议对策。公子无忌阻止魏王说："那是赵王打猎而已，不是进犯边境。"又照常下棋。魏王害怕，心思不在下棋上。过了一会，又从北方传来消息说："是赵王在打猎，不是进犯的敌军。"魏王非常吃惊，说："公子是怎么知道的？"公子无忌说："我的门客中有能够仔细打听赵王隐秘事情的人，赵王的所作所为，门客经常报告给我，我因此知道这事。"从此以后，魏王畏惧公子无忌的贤能，不敢把国家政务托付给他。

魏有隐士曰侯嬴，年七十，家贫，为大梁夷门监者。公子闻之，往请，欲厚遗之。不肯受，曰："臣修身洁行数十年，终不以监门困故而受公子财。"公子于是乃置酒大会宾客。坐定，公子从车骑（qí），虚左，自迎夷门侯生。侯生摄敝衣冠，直上载公子上坐，不让，欲以观公子。公子执辔愈恭。侯生又谓公子曰："臣有客在市屠中，愿枉车骑过之。"公子引车入市，侯生下见其客朱亥，俾（睥）倪（睨），故久立与其客语，微察公子。公子颜色愈和。当是时，魏将相宗室宾客满堂，待公子举酒。市人皆观公子执辔。从骑皆窃骂侯生。侯生视公子色终不变，乃谢客就车。至家，公子引侯生坐上坐，遍赞宾客，宾客皆惊。酒酣，公子起，为寿侯生前。侯生因谓公子曰："今日嬴之为公子亦足矣。嬴乃夷门抱关者也，而公子亲枉车骑，自迎嬴于众人广坐之中，不宜有所过，今公子故过之。然嬴欲就公子之名，故久立公子车骑市中，过客以观公子，公子愈恭。市人皆以嬴为小人，而以公子为长者能下士也。"于是罢酒，侯生遂为上客。

◎大意 魏国有个隐士叫侯嬴，七十岁了，家境贫寒，是大梁城东门的守门人。公子无忌听说后，前去问候，想赠予他丰厚的礼物。侯嬴不肯接受，说："我几十年来修养品德操守，终究不能因守门人的穷困接受公子的财物。"公子无忌于是设置酒席大宴宾客。客人坐定后，公子无忌带着随从的车马，空着车子左边的位子，亲自去夷门迎接侯嬴。侯嬴整理破旧的衣帽，直接登上车坐在上座，不谦让，想借此观察公子无忌。公子无忌握着缰绳赶车而表情更加谦恭。侯嬴又对公子无忌说："我有一位朋友在街市的屠场上，希望委屈您的车马去拜访他。"公子无忌驾车进入市场，侯嬴下车看望他的朋友朱亥，傲慢地斜着眼睛打量公子，故意站立很长时间与朋友说话，暗中观察公子无忌。公子无忌的脸色更加温和。就在这个时候，魏国的将相、宗室、宾客坐满堂上，等待着公子无忌举杯祝酒。街市上的人都看见公子无忌手持着驾车的缰绳。随从都暗骂侯嬴。侯嬴看到公子无忌的脸色始终不变，于是告别朋友登上车子。到了家中，公子无忌引领着侯嬴坐在上座，一一向宾客引见侯嬴，宾客都很吃惊。酒喝到尽兴的时候，公子无忌站起来，走到侯嬴面前给他敬酒。侯嬴于是对公子无忌说："今天，我为难公子您已经足够了。我只是东门的一个守门人，公子却不怕麻烦，亲自带着车马在大庭广众之下迎接我，本来不应该拜访，现在公子却特意拜访我。其实，我是想成就公子您的美名，所以让公子的车马长时间地停在街市上，看望朋友以观察公子的反应，公子更加谦恭。街市上的人都认为我是小人，认为公子您是有德行而能够宽厚待士的人。"到这时候酒宴散了，侯嬴就成为公子无忌的上宾。

侯生谓公子曰："臣所过屠者朱亥，此子贤者，世莫能知，故隐屠间耳。"公子往数请之，朱亥故不复谢，公子怪之。

◎大意 侯嬴对公子说："我拜访的屠夫朱亥，他是贤能之人，世人都不了解，所以隐身在屠夫中罢了。"公子无忌多次前去问候他，朱亥一次也不回谢，公子无忌为此感到奇怪。

魏安釐王二十年，秦昭王已破赵长平军，又进兵围邯郸。公子姊为赵惠文王弟平原君夫人，数遗魏王及公子书，请救于魏。魏王使将军晋鄙将十万众救赵。秦王使使者告魏王曰："吾攻赵旦暮且下，而诸侯敢救者，已拔赵，必移兵先击之。"魏王恐，使人止晋鄙，留军壁邺，名为救赵，实持两端以观望。平原君使者冠盖相属于魏，让魏公子曰："胜所以自附为婚姻者，以公子之高义，为能急人之困。今邯郸旦暮降秦而魏救不至，安在公子能急人之困也！且公子纵轻胜，弃之降秦，独不怜公子姊邪？"公子患之，数请魏王，及宾客辩士说王万端。魏王畏秦，终不听公子。公子自度终不能得之于王，计不独生而令赵亡，乃请宾客，约车骑百余乘，欲以客往赴秦军，与赵俱死。

◎**大意** 魏安釐王二十年，秦昭王在长平大破赵国军队后，又进兵包围了邯郸。公子无忌的姐姐是赵惠文王弟弟平原君的夫人，多次给魏安釐王和公子无忌写信，向魏国求救。魏安釐王派将军晋鄙率领十万大军援救赵国。秦王派使臣警告魏安釐王说："我进攻赵国早晚都会攻下，诸侯国中敢救赵国的，攻陷赵国后，一定调兵先攻打它。"魏安釐王很害怕，派人阻止晋鄙，停止进军驻扎在邺，名义上是援救赵国，实际上犹豫不定观察形势。平原君的使者络绎不绝地来到魏国，指责魏公子说："我和公子结为姻亲，是因为看重公子的高尚品德，能够解救人于危难之中。现在邯郸早晚都要投降秦国而魏国的救兵未到，公子能解救人于危难之中又体现在哪里呢！况且您即使瞧不起我，抛弃我，使我投降秦国，难道不可怜你的姐姐吗？"公子无忌很担心这事，几次请示魏安釐王，和宾客门人以各种理由劝说魏王。但魏安釐王害怕秦国，始终不肯听从公子的意见。公子无忌自己估计始终不能得到魏安釐王的同意，决定不能自己偷生而使赵国灭亡，于是召集门客，凑集一百多辆马车，打算率领门客与秦军拼命，和赵国共存亡。

行过夷门，见侯生，具告所以欲死秦军状。辞决而行，侯生曰："公子勉之矣，老臣不能从。"公子行数里，心不快，曰："吾所以待侯生者备矣，天下莫不闻，今吾且死而侯生曾无一言半辞送我，我岂有所失哉？"复引车还，问侯生。侯生笑曰："臣固知公子之还也。"曰："公子喜士，名闻天下。今有难，无他端而欲赴秦军，譬若以肉投馁虎，何功之有哉？尚安事客？然公子遇臣厚，公

礼贤下士 **魏无忌**

子往而臣不送，以是知公子恨之复返也。"公子再拜，因问。侯生乃屏（摒）人间语，曰："嬴闻晋鄙之兵符常在王卧内，而如姬最幸，出入王卧内，力能窃之。嬴闻如姬父为人所杀，如姬资之三年，自王以下欲求报其父仇，莫能得。如姬为公子泣，公子使客斩其仇头，敬进如姬。如姬之欲为公子死，无所辞，顾未有路耳。公子诚一开口请如姬，如姬必许诺，则得虎符夺晋鄙军，北救赵而西却秦，此五霸之伐也。"公子从其计，请如姬。如姬果盗晋鄙兵符与公子。

◎ **大意** 路过东门，见到侯嬴，公子无忌把自己想和秦军拼命的决心告诉他。然后向侯嬴辞别准备上路，侯嬴说："公子好好努力吧，我老了不能跟随您。"公子无忌走了几里路，心里不痛快，说："我对待侯嬴够周到了，天下没有谁不知道，现在我快要死了而侯嬴没有一言半语送给我，难道我有什么过失吗？"他又驾车返回，询问侯嬴。侯嬴笑着说："我本来就知道您要回来。"又说："公子喜欢接纳士人，名声传遍天下。现在公子有困难，没有其他办法却想和秦军拼命，就好像把肉扔给饥饿的老虎，有什么用呢？又哪里用得着我们这些宾客呢？然而公子待我情深意厚，公子去决战我不去送行，因此知道公子会埋怨我再返回来。"公子无忌再次拜谢了侯嬴，询问办法。侯嬴于是支开旁边的人悄悄地说："我听说晋鄙的兵符经常放在魏王的寝宫内，而如姬最受宠爱，常出入魏王的寝宫，一定能偷到它。我听说如姬的父亲被人杀死，如姬悬赏替父报仇三年，自魏王以下的人都想替她报杀父之仇，但没人办得到。如姬对公子哭诉，公子派门客斩了她仇人的头，恭敬地献给如姬。如姬要为公子效命而死，一定不会推辞，只是没有找到机会罢了。公子如果真的开口请如姬帮忙，如姬一定会答应，那么就可以得到虎符夺取晋鄙的军队，向北救援赵国，向西打退秦军，这是五霸一样的功业。"公子无忌听从了他的计策，请求如姬。如姬果然偷来晋鄙的兵符交给了公子。

公子行，侯生曰："将在外，主令有所不受，以便国家。公子即合符，而晋鄙不授公子兵而复请之，事必危矣。臣客屠者朱亥可与俱，此人力士。晋鄙听，大善；不听，可使击之。"于是公子泣。侯生曰："公子畏死邪？何泣也？"公子曰："晋鄙嚄唶（huò zè）宿将，往恐不听，必当杀之，是以泣耳，岂畏死哉？"于是公子请朱亥。朱亥笑曰："臣乃市井鼓刀屠者，而公子亲数存之，所以不报谢者，以为小礼无所用。今公子有急，此乃臣效命之秋也。"遂与公子俱。公子过谢侯生。侯生曰："臣宜从，老不能。请数公子行日，以至晋鄙军之日，北乡（向）自刭，以送公子。"公子遂行。

◎**大意**　公子无忌临行，侯嬴说："将帅在外面，国君的命令有的可以不接受，以求对国家有利。如果您合了兵符，但晋鄙不给您军队又向魏王请示，情况一定很危急。我的朋友朱亥可以跟您一起前往，这个人是个大力士。晋鄙听从，很好；他不听从，可以让朱亥击杀他。"这时公子无忌哭了。侯嬴说："您害怕死吗？为什么哭呢？"公子无忌说："晋鄙是一位威猛豪迈的老将军，我去恐怕他不会听从，一定要杀死他，因此哭泣罢了，怎么会害怕死呢？"于是公子无忌请见朱亥。朱亥笑着说："我是市井中的屠夫，您几次亲自慰问我，我之所以没有答谢，是认为小礼节没有什么用处。现在公子有急难，这就是我为您效命的时候了。"他就与公子无忌一起上路了。公子无忌向侯嬴辞行。侯嬴说："我应该跟随您，因年老不能去。请让我计算你们的行程，您到达晋鄙军营的那一天，我面向北方自杀，以此报答您。"公子无忌于是出发了。

至邺，矫魏王令代晋鄙。晋鄙合符，疑之，举手视公子曰："今吾拥十万之众，屯于境上，国之重任，今单车来代之，何如哉？"欲无听。朱亥袖四十斤铁椎，椎杀晋鄙，公子遂将晋鄙军。勒兵下令军中曰："父子俱在军中，父归；兄弟俱在军中，兄归；独子无兄弟，归养。"得选兵八万人，进兵击秦军。秦军解去，遂救邯郸，存赵。赵王及平原君自迎公子于界，平原君负韊（lán）矢为公子先引。赵王再拜曰："自古贤人未有及公子者也。"当此之时，平原君不敢自比于人。公子与侯生决，至军，侯生果北乡（向）自刭。

◎**大意**　公子无忌一行人到了邺地，假传魏王的命令取代晋鄙。晋鄙合了兵符，怀疑这件事，举起手盯着公子无忌说："我拥兵十万之众，驻扎在边境上，这是国家委托的重任，现在你一个人来接替我，这是为什么呢？"不想听从。朱亥取出藏在衣袖里的四十斤铁椎，击杀了晋鄙，公子无忌于是统领晋鄙的军队。他整顿军队，向全军发布命令说："父子都在军队里的，父亲可以回去；兄弟同在军队里的，哥哥可以回去；没有兄弟的独子，回去赡养父母。"由此挑选了八万精兵，进兵攻打秦军。秦军解除包围退去，于是救了邯郸，保存了赵国。赵王和平原君亲自

礼贤下士魏无忌

在城郊迎接公子无忌。平原君背着箭袋为公子无忌在前面引路。赵王两次拜谢说："自古以来的贤人没有能赶得上公子的。"在这个时候，平原君不敢拿自己跟别人相比。公子无忌与侯嬴诀别后，到达军营的那一天，侯嬴果然面向北方自杀。

  魏王怒公子之盗其兵符矫杀晋鄙，公子亦自知也。已却秦存赵，使将将（jiàng）其军归魏，而公子独与客留赵。赵孝成王德公子之矫夺晋鄙兵而存赵，乃与平原君计，以五城封公子。公子闻之，意骄矜而有自功之色。客有说公子曰："物有不可忘，或有不可不忘。夫人有德于公子，公子不可忘也；公子有德于人，愿公子忘之也。且矫魏王令，夺晋鄙兵以救赵，于赵则有功矣，于魏则未为忠臣也。公子乃自骄而功之，窃为公子不取也。"于是公子立自责，似若无所容者。赵王埽（扫）除自迎，执主人之礼，引公子就西阶。公子侧行辞让，从东阶上。自言罪过，以负于魏，无功于赵。赵王侍酒至暮，口不忍献五城，以公子退让也。公子竟留赵。赵王以鄗（hào）为公子汤沐邑，魏亦复以信陵奉公子。公子留赵。

◎**大意** 魏王恼怒公子偷了他的兵符，假传命令杀了晋鄙，公子无忌自己也知道。他打退秦军保存了赵国后，就派部将率领军队返回魏国，而自己与门客留在赵国。赵孝成王感激公子无忌假托君命夺取晋鄙军权从而保住了赵国，就与平原君商量，把五座城邑封赏给公子无忌。公子无忌听说了这件事，心中骄傲起来，露出自以为有功的神色。门客中有人劝说公子道："有些事情不能忘记，有些事情不能不忘记。别人对公子有恩德，公子不能忘；公子对别人有恩德，希望您能忘记。况且您假传魏王命令，夺取了晋鄙的军队去救赵国，对于赵国是有功的，对于魏国却不是忠臣。您却认为有功而骄傲起来，我私下认为公子不能这样。"于是公子无忌立刻自我责备，惭愧得好像没有地方可以躲藏的样子。赵王打扫台阶亲自迎接，执行主人的礼仪，领着公子无忌从西阶上。公子无忌侧着身体前进表示谦虚退让，从东阶上。他自称罪过，有负于魏国，对赵国没有功劳。赵王陪着饮酒一直到晚上，始终不愿开口谈封献五座城邑的事，因为公子无忌谦恭礼让。公子无忌最终留在赵国。赵王把鄗地作为公子的封地，魏国又把信陵这个地方送给公子。公子无忌留在了赵国。

  公子闻赵有处士毛公藏于博徒，薛公藏于卖浆家，公子欲见两人，两人自匿不肯见公子。公子闻所在，乃间步往从此两人游，甚欢。平原君闻之，谓其夫人曰："始吾闻夫人弟公子天下无双，今吾闻之，乃妄从博徒卖浆者游，公子妄人耳。"夫人以告公子。公子乃谢夫人去，曰："始吾闻平原君贤，故负魏王而救赵，以称平原君。平原君之游，徒豪举耳，不求士也。无忌自在大梁时，常闻此两人贤，至赵，恐不得见。以无忌从之游，尚恐其不我欲也，今平原君乃以为羞，其不足从游。"乃装为去。夫人具以语平原君。平原君乃免冠谢，固留公子。平原君门下闻之，半去平原君归公子，天下士复往归公子，公子倾平原君客。

◎**大意** 公子无忌听说赵国有一位隐士毛公寄身于赌徒中，另一位隐士薛公藏身在沽酒人家，公子无忌想见这两个人，两个人躲了起来不肯见公子。公子打听到他们住的地方，就悄悄地步行与他们交往，彼此非常融洽。平原君听说了这件事，对他的夫人说："以前我听说您的弟弟公子无忌在天下独一无二，现在我听说他随便与赌徒、卖酒的人交往，公子无忌是荒唐的人啊。"平原君的夫人把这些话告诉了公子无忌。公子无忌辞谢夫人离去，说："我以前听说平原君贤德，所以背弃魏王而救赵国，来满足平原君的心愿。原来平原君交朋友，只是摆阔气的举动而已，并不是渴求贤士。我在大梁的时候，常听说这两个人很贤能，到了赵国，怕见不到他们。以我这样的人与他们交往，还害怕他们不理睬我，现在平原君却因为这样感到羞辱，他不值得我跟他交游。"于是他整理行装准备离去。夫人把这些话全都告诉了平原君，平原君就摘去帽子谢罪，坚决地挽留公子。平原君的门客听说这件事，有一半人离开平原君投靠了公子无忌，天下的士人又前去归附公子无忌，公子无忌的门客远远超过了平原君。

公子留赵十年不归。秦闻公子在赵，日夜出兵东伐魏。魏王患之，使使往请公子。公子恐其怒之，乃诫门下："有敢为魏王使通者，死。"宾客皆背魏之赵，莫敢劝公子归。毛公、薛公两人往见公子曰："公子所以重于赵，名闻诸侯者，徒以有魏也。今秦攻魏，魏急而公子不恤，使秦破大梁而夷先王之宗庙，公子当何面目立天下乎？"语未及卒，公子立变色，告车趣（促）驾归救魏。

◎**大意** 公子无忌留在赵国十年没有回去。秦国听说公子无忌在赵国，连续几次出兵向东攻打魏国。魏王很害怕这件事，就派使臣去请公子无忌。公子无忌害怕魏王怨恨自己，就告诫门客说："有谁敢替魏王使臣通报，处以死罪。"门客都是背弃魏国来到赵国，没有人敢劝公子无忌回去。毛公和薛公两人去见公子说："您被赵国尊重，声名流传于各诸侯国，只是因为有魏国呀。现在秦军攻打魏国，魏国危急您却不忧虑，假如秦军攻下大梁，夷平先王的宗庙，您有什么脸面立于天下呢？"话还没说完，公子无忌立刻变了脸色，嘱咐车夫赶快准备车马回去援救魏国。

魏王见公子，相与泣，而以上将军印授公子，公子遂将。魏安釐王三十年，公子使使遍告诸侯。诸侯闻公子将，各遣将将兵救魏。公子率五国之兵破秦军于河外，走蒙骜（ào）。遂乘胜逐秦军至函谷关，抑秦兵，秦兵不敢出。当是时，公子威振天下，诸侯之客进兵法，公子皆名之，故世俗称《魏公子兵法》。

◎**大意** 魏安釐王见到公子无忌，两人相对着哭泣，然后魏王把上将军大印授给公子无忌，公子无忌于是成了统帅。魏安釐王三十年，公子无忌派使臣通告各诸侯国。诸侯国听说公子无忌做了统帅，各自派将领率领军队援救魏国。公子无忌率领五国的军队在黄河以南打败秦军，赶走了蒙骜。于是联军乘胜追击，把秦军赶到了函谷关，抑制住秦军，秦军不敢出关。那个时候，公子无忌的威名震动了天下。各诸侯国的门客进献兵法，公子无忌都给它们题名，所以世上俗称《魏公子兵法》。

秦王患之，乃行金万斤于魏，求晋鄙客，令毁公子于魏王曰："公子亡在外十年矣，今为魏将，诸侯将皆属，诸侯徒闻魏公子，不闻魏王。公子亦欲因此时定南面而王，诸侯畏公子之威，方欲共立之。"秦数使反间，伪贺公子得立为魏王未也。魏王日闻其毁，不能不信，后果使人代公子将。公子自知再以毁废，乃谢病不朝，与宾客为长夜饮，饮醇酒，多近妇女。日夜为乐饮者四岁，竟病酒而卒。其岁，魏安釐王亦薨。

◎**大意** 秦王很害怕这种状况，于是送了一万斤黄金到魏国，求见晋鄙的门客，让他们在魏安釐王面前诋毁公子无忌说："公子无忌在外面逃亡十年，现在担任魏国将领，各诸侯国的将领都属于他，诸侯国只听说魏公子，没有听说过魏王。公子也想乘这个机会称王，诸侯国害怕公子的威名，正想拥戴他。"秦国多次使用反间计，假装祝贺公子，问他到底有没有被立为魏王。魏安釐王每天听到这样的逸言，不能不信以为真，后来果然派人代替公子无忌统率军队。公子无忌知道自己再次因毁谤而被废黜，于是推托有病不去朝见，与门客通宵宴饮，痛饮烈性酒，沉迷声色，日夜寻欢作乐四年，最终因饮酒过度生病而死。这一年，魏安釐王也去世了。

秦闻公子死，使蒙骜攻魏，拔二十城，初置东郡。其后秦稍蚕食魏，十八岁而虏魏王，屠大梁。

◎**大意**　秦王听说公子无忌死了，派蒙骜攻打魏国，夺下二十座城池，开始设立东郡。从此以后，秦国逐渐蚕食魏国疆土，过了十八年，就俘虏了魏王，毁灭了大梁城。

高祖始微少时，数闻公子贤。及即天子位，每过大梁，常祠公子。高祖十二年，从击黥布还，为公子置守冢五家，世世岁以四时奉祠公子。

◎**大意**　高祖当初贫贱的时候，多次听说公子无忌的贤能。等到他登上帝位，每次路过大梁，常常去祭祀公子无忌。高祖十二年，他打败黥布返回后，为公子无忌安排了五户人家看守墓地，世世代代每年四季都祭祀公子无忌。

太史公曰：吾过大梁之墟，求问其所谓夷门。夷门者，城之东门也。天下诸公子亦有喜士者矣，然信陵君之接岩穴隐者，不耻下交，有以也。名冠诸侯，不虚耳。高祖每过之而令民奉祠不绝也。

◎**大意**　太史公说：我路过大梁城的废墟，探访了人们所说的夷门。夷门，就是大梁城的东门。天下的诸多公子也有喜欢门客的，但信陵君亲近安居山野的隐士，不以和地位低贱的人交朋友为耻，是有道理的。他的声名盖过各个诸侯，真不是虚传的。高祖每次经过信陵君的墓地时，都命令百姓永远祭祀他。

将相名臣廉颇蔺相如

选自《廉颇蔺相如列传》

廉颇者，赵之良将也。赵惠文王十六年，廉颇为赵将伐齐，大破之，取阳晋，拜为上卿，以勇气闻于诸侯。蔺相如者，赵人也，为赵宦者令缪(miào)贤舍人。

◎**大意** 廉颇是赵国杰出的将领。赵惠文王十六年，廉颇作为赵国将军讨伐齐国，大败齐国的军队，夺取了阳晋城，被任命为上卿，他勇猛善战的名声在诸侯间传扬开来。蔺相如是赵国人，在赵国宦者令缪贤家当门客。

赵惠文王时，得楚和氏璧。秦昭王闻之，使人遗赵王书，愿以十五城请易璧。赵王与大将军廉颇诸大臣谋：欲予秦，秦城恐不可得，徒见欺；欲勿予，即患秦兵之来。计未定，求人可使报秦者，未得。宦者令缪贤曰："臣舍人蔺相如可使。"王问："何以知之？"对曰："臣尝有罪，窃计欲亡走燕，臣舍人相如止臣，曰：'君何以知燕王？'臣语曰：'臣尝从大王与燕王会境上，燕王私握臣手，曰"愿结友"。以此知之，故欲往。'相如谓臣曰：'夫赵强而燕弱，而君幸于赵王，故燕王欲结于君。今君乃亡赵走燕，燕畏赵，其势必不敢留君，而束君归赵矣。君不如肉袒伏斧质请罪，则幸得脱矣。'臣从其计，大王亦幸赦臣。臣窃以为其人勇士，有智谋，宜可使。"于是王召见，问蔺相如曰："秦王以十五城请易寡人之璧，可予不（否）？"相如曰："秦强而赵弱，不可不许。"王曰："取吾璧，不予我城，奈何？"相如曰："秦以城求璧而赵不许，曲在赵。赵予璧而秦不予赵城，曲在秦。均之二策，宁许以负秦曲。"王曰："谁可使者？"相如曰："王必无人，臣愿奉璧往使。城入赵，而璧留秦；城不入，臣请完璧归赵。"赵王于是遂遣相如奉璧西入秦。

◎ **大意** 赵惠文王在位时，赵国得到了楚国的和氏璧。秦昭王听说了这件事，就派人给赵王送了一封信，愿意用十五座城池来交换和氏璧。赵王与大将军廉颇以及各位大臣商量：如果把和氏璧交给秦国，恐怕得不到秦国的城邑，反而会白白地受欺骗；如果不交出和氏璧，又担心秦军来进犯。谋划了很久也没有商量好计策，想要寻找一个可以充当使者答复秦国的人，也没有找到。宦者令缪贤说："我的门客蔺相如可以当使臣。"赵王问："你怎么知道他可以胜任呢？"缪贤回答说："我曾经犯了罪，私下打算逃到燕国，我的门客蔺相如劝阻我，说：'您怎么知道燕王是可以信任之人呢？'我对他说：'我曾经跟随大王与燕王在国境上相见，燕王私下握住我的手，说"希望能跟你成为朋友"。我就结识了燕王，所以想去投奔他。'相如对我说：'赵国强大而燕国弱小，并且您受到赵王的宠信，所以燕王想要和您结交。现在您是从赵国逃到燕国，燕国畏惧赵国，在这种形势下燕王一定不敢收留您，反而会把您捆绑起来送回赵国。您不如脱掉上衣趴伏在刀斧之下请罪，那么或许大王能赦免您的罪过。'我听从了他的计策，大王也开恩赦免了我。我认为这个人是个勇士，有智慧和谋略，应该可以出使秦国。"于是赵王召见蔺相如，问他："秦王请求用十五座城池交换我的和氏璧，可以给他吗？"相如说："秦国强大而赵国弱小，不能不答应。"赵王说："如果秦国拿了我的和氏璧，不给我城池，怎么办呢？"相如说："秦国请求用城池交换和氏璧而赵国不答应，是赵国理亏；赵国给了秦国和氏璧而秦国不给赵国城池，是秦国理亏。两者比较，宁可答应秦国让他们来担负理亏的责任。"赵王说："谁可以出使秦国？"相如说："如果大王没有合适的人选，我愿意手捧和氏璧出使秦国。如果赵国得到了城池，就把宝璧留给秦国；如果赵国没有得到城池，我保证把和氏璧完好地带回赵国。"于是赵王派遣蔺相如带着和氏璧向西出使秦国。

秦王坐章台见相如，相如奉璧奏秦王。秦王大喜，传以示美人及左右，左右皆呼万岁。相如视秦王无意偿赵城，乃前曰："璧有瑕，请指示王。"王授璧，相如因持璧却立，倚柱，怒发上冲冠，谓秦王曰："大王欲得璧，使人发书至赵王，赵王悉召群臣议，皆曰秦贪，负其强，以空言求璧，偿城恐不可得。议不欲予秦璧。臣以为布衣之交尚不相欺，况大国乎！且以一璧之故逆强秦之欢，不可。于是赵王乃斋戒五日，使臣奉璧，拜送书于庭。何者？严大国之威以修敬也。今臣至，大王见臣列观，礼节甚倨；得璧，传之美人，以戏弄臣。臣观大王无意偿赵王城邑，故臣复取璧。大王必欲急臣，臣头今与璧俱碎于柱矣！"相如持其璧睨柱，欲以击柱。秦王恐其破璧，乃辞谢固请，召有司案图，指从此以往十五都予赵。相如度秦王特以诈详（佯）为予赵城，实不可得，乃谓秦王曰："和氏璧，天下所共传宝也，赵王恐，不敢不献。赵王送璧时，斋戒五日，今大王亦宜斋戒五日，设九宾于廷，臣乃敢上璧。"秦王度之，终不可强夺，遂许斋五日，舍相如广成传。相如度秦王虽斋，决负约不偿城，乃使其从者衣褐，怀其璧，从径道亡，归璧于赵。

◎**大意** 秦王坐在章台接见了蔺相如，相如捧着和氏璧献给秦王。秦王非常高兴，把和氏璧传给嫔妃和身边的大臣观看，侍臣都高呼万岁。相如看出秦王没有补偿赵国城邑的意思，就走上前说："和氏璧上有个瑕疵，请让我指给大王看。"秦王把璧交还给他，于是相如手持璧玉退后几步站定，靠在柱子上，怒发冲冠地对秦王说："大王想得到和氏璧，派人送信给赵王，赵王召集全体大臣商议，大家都说：'秦国贪婪，倚仗它的强大，想用空话来讨要和氏璧，许诺给我们的城邑恐怕是得不到的。'商议的结果是不想给秦国和氏璧。我认为平民百姓之间的交往尚且不互相欺骗，何况是大国呢？况且为了一块璧玉而让强大的秦国不高兴，是不应该的。

于是赵王斋戒了五天，派我捧着宝璧，在朝堂之上拜送国书。这是为什么呢？是尊重大国的威望以表示恭敬啊。现在我来了，大王却在便殿召见我，礼节十分傲慢；拿到宝璧后，传给姬妾观看，来戏弄我。我看大王没有把十五城给赵国的诚意，所以我要回宝璧。大王如果一定要逼迫我，我的头今天就同和氏璧一起撞碎在柱子上！"相如手持宝璧，眼睛瞄着庭柱，就要向庭柱上撞去。秦王怕他真把宝璧撞碎，便向他道歉，并再三请他息怒，召见有司查看地图，指明从某地到某地的十五座城邑交割给赵国。相如估计秦王是假装交割城邑来欺骗赵国，实际上赵国是不可能得到城邑的，于是对秦王说："和氏璧是天下公认的宝物，赵王敬畏秦国，不敢不奉献出来。赵王送璧之前，斋戒了五天，现在大王也应该斋戒五天，在殿堂上安排九宾礼，我才敢献上和氏璧。"秦王估量此事，不能用强力夺取，就答应斋戒五天，让相如住在广成传舍。相如估计秦王虽然答应斋戒，但必定背约不给城邑，就派他的随从穿上粗麻布衣服，怀里藏着宝璧，从小路逃走，把宝璧送回了赵国。

秦王斋五日后，乃设九宾礼于廷，引赵使者蔺相如。相如至，谓秦王曰："秦自缪公以来二十余君，未尝有坚明约束者也。臣诚恐见欺于王而负赵，故令人持璧归，间至赵矣。且秦强而赵弱，大王遣一介之使至赵，赵立奉璧来。今以秦之强而先割十五都予赵，赵岂敢留璧而得罪于大王乎？臣知欺大王之罪当诛，臣请就汤镬，唯大王与群臣孰（熟）计议之。"秦王与群臣相视而嘻。左右或欲引相如去，秦王因曰："今杀相如，终不能得璧也，而绝秦赵之欢，不如因而厚遇之，使归赵，赵王岂以一璧之故欺秦邪！"卒廷见相如，毕礼而归之。

◎**大意** 秦王斋戒五天后，就在朝廷举行了九宾典礼，去请赵国使者蔺相如。相如来到后，对秦王说："秦国从穆公以来的二十多位君主中，从来没有坚守盟约的人。我实在是怕被大王欺骗而辜负赵王，所以派人带着和氏璧返回，已从小路到了赵国。况且秦强而赵弱，大王派一位使臣到赵国，赵国立即就捧着和氏璧前来。如今秦国凭借自身的强大先割让十五座城邑给赵国，赵国怎么敢留下和氏璧而得罪大王呢？我知道欺骗大王应被诛杀，我愿意受汤镬之刑，只希望大王和各位大臣仔细商议这件事。"秦王和群臣相视露出吃惊和愤怒的表情。侍从中有人想拉着相如去受刑，秦王说："现在杀死相如，最后还是得不到和氏璧，反而断绝了秦、赵两国的友好关系，不如趁此机会好好招待他，让他回赵国，赵王难道会为了一块璧玉而欺骗秦国吗！"最终还是在朝廷上接见了相如，礼节完成后让他回国了。

相如既归，赵王以为贤大夫使不辱于诸侯，拜相如为上大夫。秦亦不以城予赵，赵亦终不予秦璧。

◎**大意** 相如回到赵国，赵王认为他是一位有才能的大夫，出使时没有令赵国受到羞辱，于是任命相如为上大夫。秦国没有把城邑给赵国，赵国也始终没有给秦国和氏璧。

其后秦伐赵，拔石城。明年，复攻赵，杀二万人。

◎**大意** 之后秦国攻打赵国，攻下了石城。第二年，秦国再次攻打赵国，杀死两万人。

秦王使使者告赵王，欲与王为好会于西河外渑（miǎn）池。赵王畏秦，欲毋行。廉颇、蔺相如计曰："王不行，示赵弱且怯也。"赵王遂行，相如从。廉颇送至境，与王诀曰："王行，度道里会遇之礼毕，还，不过三十日。三十日不还，则请立太子为王，以绝秦望。"王许之，遂与秦王会渑池。秦王饮酒酣，曰："寡人窃闻赵王好音，请奏瑟。"赵王鼓瑟。秦御史前书曰："某年月日，秦王与赵王会饮，令赵王鼓瑟"。蔺相如前曰："赵王窃闻秦王善为秦声，请奏盆缻（fǒu）秦王，以相娱乐。"秦王怒，不许。于是相如前进缻（fǒu），因跪请秦王。秦王不肯击缻（fǒu）。相如曰："五步之内，相如请得以颈血溅大王矣！"左右欲刃相如，相如张目叱之，左右皆靡。于是秦王不怿，为一击缻（fǒu）。相如顾召赵御史书曰"某年月日，秦王为赵王击缻（fǒu）"。秦之群臣曰："请以赵十五城为秦王寿。"蔺相如亦曰："请以秦之咸阳为赵王寿。"秦王竟酒，终不能加胜于赵。赵亦盛设兵以待秦，秦不敢动。

◎**大意** 秦王派使者告诉赵王，想和赵王在西河外的渑池进行友好会面。赵王畏惧秦国，不想去。廉颇、蔺相如商议道："如果大王不去，就显得赵国既软弱又胆小。"于是赵王赴会，相如随行。廉颇把他们送到边境，和赵王诀别说："大王这次出行，预计赶路加上会见的时间，不超过三十天就能回来。如果三十天还没回来，就请允许我们立太子为王，以断绝秦国的妄想。"赵王答应了这件事，于是便与秦王在渑池会见。秦王饮酒到高兴时，说："我私下里听说赵王爱好音乐，请您弹一曲瑟吧！"赵王就弹了一曲。秦国的御史上前写道："某年某月某日，秦王与赵王相会饮酒，令赵王弹瑟。"蔺相如上前说："赵王私下里听说秦王擅长演奏秦地土乐，请让我给秦王献上盆缶，让大家一起娱乐。"秦王非常生气，不肯击缶。这时相如向前递上盆缶，跪下请秦王演奏。秦王还是不肯击缶，相如说："在这五步之内，我要将脖颈里的血溅在大王身上了！"秦王的侍从想杀死相如，相如睁圆双眼呵斥，侍从都吓得退下去了。于是秦王很不高兴，勉强敲了一下缶。相如回头招呼赵国御史写道："某年某月某日，秦王为赵王敲击盆缶。"秦国的大臣说："请你们用赵国的十五座城邑向秦王献礼。"蔺相如也说："请你们用秦国的都城咸阳向赵王献礼。"直到酒宴结束，秦国终究未能压倒赵国。赵国部署了大批军队防备秦国，秦国也不敢轻举妄动。

既罢归国，以相如功大，拜为上卿，位在廉颇之右。廉颇曰："我为赵将，有攻城野战之大功，而蔺相如徒以口舌为劳，而位居我上，且相如素贱人，吾羞，不忍为之下。"宣言曰："我见相如，必辱之。"相如闻，不肯与会。相如每朝时，常称病，不欲与廉颇争列。已而相如出，望见廉颇，相如引车避匿。于是舍人相与谏曰："臣所以去亲戚而事君者，徒慕君之高义也。今君与廉颇同列，廉君宣恶言而君畏匿之，恐惧殊甚，且庸人尚羞之，况于将相乎！臣等不肖，请辞去。"蔺相如固止之，曰："公之视廉将军孰与秦王？"曰："不若也。"相如曰："夫以秦王之威，而相如廷叱之，辱其群臣，相如虽驽，独畏廉将军哉？顾吾念之，强秦之所以不敢加兵于赵者，徒以吾两人在也。今两虎共斗，其势不俱生。吾所以为此者，以先国家之急而后私仇也。"廉颇闻之，肉袒负荆，因宾客至蔺相如门谢罪。曰："鄙贱之人，不知将军宽之至此也。"卒相与欢，为刎颈之交。

◎**大意** 渑池会结束以后返回赵国，蔺相如因为功劳大，被任命为上卿，地位在廉颇之上。廉颇说："我是赵国将军，有攻城略地的大功，蔺相如只不过凭借嘴巴的功劳，地位却在我之上，况且相如本来是地位卑贱的人，我感到羞耻，不甘心地位在他之下。"廉颇扬言说："我遇见蔺相如，一定要羞辱他。"相如听说后，便不肯和廉颇见面。每到上朝时，相如常常推说身体有病，不愿和廉颇争位次的先后。相如外出时，远远看到廉颇，就掉转车子回避。于是相如的门客就一起来进谏说："我们离开亲人来侍奉您，是因为仰慕您高尚的节义呀。如今您与廉将军官位相同，廉将军公然恶言相向，您却因害怕而躲避他，也太胆怯了，普通的人也会感到羞耻，何况是身为将相的人呢！我们这些人没有才干，请让我们告辞吧！"蔺相如坚决挽留他们，说："你们认为廉将军和秦王相比谁厉害？"门客回答说："廉将军没有秦王厉害。"相如说："以秦王的威严，我都敢在朝廷上呵斥他，羞辱他的群臣，我虽然平庸无能，难道唯独害怕廉将军吗？我只是考虑到，强大的秦国不敢发兵攻打赵国，就是因为有我们两人在啊。如今两虎相斗，一定不能共存。我这样忍让，就是为了把国家的急难摆在首位而把个人的恩怨放在其次。"廉颇听说了这些话，就袒露肩膀，背着荆条，由宾客引导，来到蔺相如的门前道歉。他说："我是个粗野卑贱的人，想不到将军对我宽厚到如此地步。"二人最终和好，成为生死之交。

是岁，廉颇东攻齐，破其一军。居二年，廉颇复伐齐几，拔之。后三年，廉颇攻魏之防陵、安阳，拔之。后四年，蔺相如将而攻齐，至平邑而罢。其明年，赵奢破秦军阏（yù）与下。

◎**大意** 这一年，廉颇向东攻打齐国，打败了齐国的一支军队。过了两年，廉颇又进攻齐国的几邑，攻下了它。之后三年，廉颇进攻魏国的防陵、安阳，攻下了它们。又过了四年，蔺相如领兵攻打齐国，打到平邑就收兵了。第二年，赵奢在阏与城下大破秦军。

赵奢者，赵之田部吏也。收租税，而平原君家不肯出。赵奢以法治之，杀平原君用事者九人。平原君怒，将杀奢。奢因说曰："君于赵为贵公子，今纵君家而不奉公则法削，法削则国弱，国弱则诸侯加兵，诸侯加兵是无赵也，君安得有此富乎？以君之贵，奉公如法则上下平，上下平则国强，国强则赵固，而君为贵戚，岂轻于天下邪？"平原君以为贤，言之于王。王用之治国赋，国赋大平，民富而府库实。

◎**大意** 赵奢是赵国征收田税的官吏。他收税时，平原君家不肯缴纳，赵奢依法处置，杀了平原君家九个当权管事的人。平原君大怒，要杀死赵奢。赵奢趁机劝说平原君："您在赵国是贵公子，现在纵容家臣不遵守公家的法令，那么国法就会被损害，国法被损害了国家就会衰弱，国家衰弱了诸侯就要出兵侵犯，诸侯出兵侵犯赵国就会灭亡，您怎能有如今的富贵呢？以您尊贵的地位，奉公守法就会使国家上下公平，上下公平国家就能强盛，国家强盛了赵氏的政权就会稳固，而您身为赵国贵戚，难道会被天下人小看吗？"平原君认为赵奢很贤能，告诉了赵王。赵王任用他掌管全国的税收，从此国家赋税公平合理，百姓富足而国库充实。

秦伐韩，军于阏与。王召廉颇而问曰："可救不（否）？"对曰："道远险狭，难救。"又召乐乘而问焉，乐乘对如廉颇言。又召问赵奢，奢对曰："其道远险狭，譬之犹两鼠斗于穴中，将勇者胜。"王乃令赵奢将，救之。

◎**大意** 秦国攻打韩国，军队驻扎在阏与。赵王召见廉颇询问道："可以去援救阏与吗？"廉颇回答："道路漫长又艰险狭窄，难以援救。"他又召见乐乘询问这件事，乐乘的回答和廉颇一样。他又召见赵奢来询问，赵奢回答说："路途遥远艰险狭窄，譬如两只老鼠在洞里争斗，哪个将领勇猛就会得胜。"赵王便任命赵奢为将军，去救援阏与。

兵去邯郸三十里，而令军中曰："有以军事谏者死。"秦军军武安西，秦军鼓噪勒兵，武安屋瓦尽振。军中候有一人言急救武安，赵奢立斩之。坚壁，留二十八日不行，复益增垒。秦间来入，赵奢善食而遣之。间以报秦将，秦将大喜曰："夫去国三十里而军不行，乃增垒，阏与非赵地也。"赵奢既已遣秦间，乃卷甲而趋之，二日一夜至，令善射者去阏与五十里而军。军垒成，秦人闻之，悉甲而至。军士许历请以军事谏，赵奢曰："内（纳）之。"许历曰："秦人不意赵师至此，其来气盛，将军必厚集其阵以待之。不然，必败。"赵奢曰："请受令。"许历曰："请就铁（fū）质之诛。"赵奢曰："胥（须）后令邯郸。"许历复请谏，曰："先据北山上者胜，后至者败。"赵奢许诺，即发万人趋之。秦兵后至，争山，不得上，赵奢纵兵击之，大破秦军。秦军解而走，遂解阏与之围而归。

◎**大意** 军队离开邯郸三十里，赵奢在军中下令说："谁谏言军事就将被处以死刑。"秦军驻扎在武安西边，秦军击鼓呐喊的声音，把武安城中的屋瓦都震动了。赵军中有一人请求马上援救武安，赵奢立即将他斩首。赵军坚守营垒，停留二十八天不出战，反而又加筑壁垒。秦军间谍潜入，赵奢用佳肴款待后把他送了回去。间谍向秦军将领汇报了这个情况，秦将非常高兴地说："离开国都三十里军队就不前进了，还增修壁垒，阏与不会是赵国的领地了。"赵奢把秦军间谍送走之后，就令士兵卸下铠甲快速向阏与进军，两天一夜就到了，命令善射的士兵在距离阏与五十里的地方驻扎。营寨刚扎好，秦军听说了这事，立即全部过来围攻。一个叫许历的军士请求谏言军事，赵奢说："让他进来。"许历说："秦军没想到赵军会来到这里，现在他们来势汹汹士气正盛，将军一定要集中兵力严阵以待。不然的话，一定会失败。"赵奢说："我会接受你的建议。"许历说："我甘愿接受斩首的处罚。"赵奢说："等回到邯郸再处治。"许历又请求谏言，说："先占据北边山头的人将会胜利，后到的会失败。"赵奢答应，立即派出一万人抢占北山。秦兵后到，与赵军争夺北山，攻不上去，赵奢指挥士兵出击，秦军大败。秦军四散逃跑，于是解除了阏与的包围，班师回国。

赵惠文王赐奢号为马服君，以许历为国尉。赵奢于是与廉颇、蔺相如同位。

◎**大意** 赵惠文王封赵奢为马服君，任命许历为国尉。赵奢于是与廉颇、蔺相如地位相同。

后四年，赵惠文王卒，子孝成王立。七年，秦与赵兵相距（拒）长平，时赵奢已死，而蔺相如病笃，赵使廉颇将攻秦，秦数败赵军，赵军固壁不战。秦数挑战，廉颇不肯。赵王信秦之间。秦之间言曰："秦之所恶，独畏马服君赵奢之子赵括为将耳。"赵王因以括为将，代廉颇。蔺相如曰："王以名使括，若胶柱而鼓瑟耳。括徒能读其父书传，不知合变也。"赵王不听，遂将之。

◎**大意** 过了四年，赵惠文王去世，他的儿子孝成王继位。孝成王七年，秦军与赵军在长平对抗，这时赵奢已死，蔺相如病重，赵王任命廉颇为将攻打秦军，秦军几次打败赵军，赵军坚守阵地不出战。秦军多次挑战，廉颇没有理会。赵王听信了秦军间谍的谣言。秦军间谍说："秦军最担心的是马服君赵奢的儿子赵括当将军。"于是赵王就以赵括为将军，取代廉颇。蔺相如说："大王只凭虚名来任用赵括，就好像用胶把弦柱粘死再去弹瑟。赵括只会读他父亲留下的书，不懂得随机应变。"赵王不听，仍然任命赵括为将。

赵括自少时学兵法，言兵事，以天下莫能当。尝与其父奢言兵事，奢不能难，然不谓善。括母问奢其故，奢曰："兵，死地也，而括易言之。使赵不将括即已，若必将之，破赵军者必括也。"

及括将行，其母上书言于王曰："括不可使将。"王曰："何以？"对曰："始妾事其父，时为将，身所奉饭饮而进食者以十数，所友者以百数，大王及宗室所赏赐者尽以予军吏士大夫，受命之日，不问家事。今括一旦为将，东向而朝，军吏无敢仰视之者，王所赐金帛，归藏于家，而日视便利田宅可买者买之。王以为何如其父？父子异心，愿王勿遣。"王曰："母置之，吾已决矣。"括母因曰："王终遣之，即有如不称，妾得无随坐乎？"王许诺。

◎**大意** 赵括从幼年起就学习兵法，谈论军事，以为天下没人能比得过他。他曾与父亲赵奢谈论军事，赵奢也难不倒他，可是并不夸奖他。赵括的母亲问赵奢这是什么缘故，赵奢说："战争是置自身于死地的事，可赵括说得太轻松。假如赵国不以赵括为将也就罢了，如果一定让他领兵，葬送赵军的一定是赵括。"等到赵括将要出征的时候，他母亲上书给赵王说："赵括不能做将军。"赵王说："为什么？"他母亲回答："当初我侍奉他父亲赵奢，那时赵奢是将军，由他亲自捧着饭食招待吃喝的下属有十几人，被他当作朋友看待的有数百人，他把大王和宗室贵族赏赐的东西全部分给军吏和幕僚，接受命令的那天起，就不再过问家事。现在赵括做了将军，就面向东接见下属，军吏中没有人敢抬头看他，大王赏赐的金帛，他都拿回家收藏起来，还每天寻找合适的土地房屋，可以买的就买下来。大王认为他哪里比得上他父亲？父子二人的心思不同，希望大王不要派他出征。"赵王说："做母亲的不要考虑这些，我已经决定了。"赵括的母亲接着说："您一定要派他出征，如果他不称职，我能不受株连吗？"赵王答应了。

赵括既代廉颇，悉更约束，易置军吏。秦将白起闻之，纵奇兵，详（佯）败走，而绝其粮道，分断其军为二，士卒离心。四十余日，军饿，赵括出锐卒自搏战，秦军射杀赵括。括军败，数十万之众遂降秦，秦悉坑之。赵前后所亡凡四十五万。明年，秦兵遂围邯郸，岁余，几不得脱。赖楚、魏诸侯来救，乃得解邯郸之围。赵王亦以括母先言，竟不诛也。

◎**大意** 赵括取代廉颇之后，改变了全部军规，撤换了下级军官。秦将白起听说了这件事，派出奇兵，假装败走，又派兵截断赵军运输粮食的道路，把赵军断为两部分，赵军军心涣散。四十多天后，赵军饥饿，赵括带领精兵亲自与秦军战斗，被秦军射死。赵军战败，几十万士卒投降了秦军，秦军把他们全部活埋了。这场战争中，赵国前后死亡的士兵总共四十五万。第二年，秦军就包围了邯郸，又过了一年多，赵国几乎不能避免亡国的危险。幸好楚国、魏国军队来援救，才解除了邯郸之围。赵王因为赵括的母亲有言在先，最终没有杀她。

自邯郸围解五年，而燕用栗腹之谋，曰"赵壮者尽于长平，其孤未壮"，举兵击赵。赵使廉颇将，击，大破燕军于鄗，杀栗腹，遂围燕。燕割五城请和，乃听之。赵以尉文封廉颇为信平君，为假相国。

◎**大意** 邯郸解围后的第五年，燕国采纳栗腹的主意，说："赵国的壮丁都死在长平了，他们的孤儿尚未成年。"便发兵攻打赵国。赵王派廉颇为将反击，在鄗城大破燕军，杀掉了栗腹，包围了燕国都城。燕国割让五座城池求和，赵王接受了。赵王把尉文邑封赏给廉颇，并封他为信平君，代理相国的职务。

廉颇之免长平归也，失势之时，故客尽去。及复用为将，客又复至。廉颇曰："客退矣！"客曰："吁！君何见之晚也？夫天下以市道交，君有势，我则从君，君无势则去，此固其理也，有何怨乎？"居六年，赵使廉颇伐魏之繁阳，拔之。

◎**大意** 廉颇被免职从长平回来，失去权势的时候，原来的门客都离开他了。等到他复职为将军，门客又回来了。廉颇说："门客们请回吧！"门客说："唉！您为什么不明白啊？天下之人都是按做生意的道理结交朋友，你有权势，我们就追随你，你没有权势我们就离开，这是很自然的道理，有什么可抱怨的呢？"过了六年，赵国派廉颇进攻魏国的繁阳，攻下了它。

赵孝成王卒，子悼襄王立，使乐乘代廉颇。廉颇怒，攻乐乘，乐乘走。廉颇遂奔魏之大梁。其明年，赵乃以李牧为将而攻燕，拔武遂、方城。

◎**大意** 赵孝成王去世，他的儿子悼襄王继位，任命乐乘替代廉颇。廉颇非常愤怒，攻打乐乘，乐乘逃跑。廉颇于是逃亡到魏国的大梁。第二年，赵国便以李牧为将攻打燕国，夺取了武遂、方城。

廉颇居梁久之，魏不能信用。赵以数困于秦兵，赵王思复得廉颇，廉颇亦思复用于赵。赵王使使者视廉颇尚可用否。廉颇之仇郭开多与使者金，令毁之。赵使者既见廉颇，廉颇为之一饭斗米，肉十斤，被甲上马，以示尚可用。赵使还报王曰："廉将军虽老，尚善饭，然与臣坐，顷之三遗矢（屎）矣。"赵王以为老，遂不召。

◎**大意** 廉颇住在大梁很久，但没有得到魏国的信任和重用。由于赵国多次被秦兵围困，赵王就想重新任用廉颇为将，廉颇也想再被赵国重用。赵王派出使臣去探望廉颇，看他还能不能被任用。廉颇的仇人郭开送给使臣很多黄金，让他说廉颇坏话。赵国使臣见到廉颇之后，廉颇当他的面一顿饭吃了一斗米、十斤肉，又披上铠甲上马，以示自己还可以被任用。赵国使者回去报告赵王说："廉将军虽然年老，饭量还不错，但是陪我坐着时，一会儿就上了三次厕所。"赵王认为廉颇老了，就没有召他回国。

楚闻廉颇在魏，阴使人迎之。廉颇一为楚将，无功，曰："我思用赵人。"廉颇卒死于寿春。

◎**大意** 楚国听说廉颇在魏国，就暗中派人去迎接。廉颇担任楚国的将军后，并没有战功，他说："我想指挥赵国的军队啊。"廉颇最终死在楚国的寿春。

奇人田单

选自《田单列传》

　　田单者，齐诸田疏属也。湣王时，单为临菑市掾（yuàn），不见知。及燕使乐毅伐破齐，齐湣王出奔，已而保莒城。燕师长驱平齐，而田单走安平，令其宗人尽断其车轴末而傅铁笼。已而燕军攻安平，城坏，齐人走，争涂（途），以轊（wèi）折车败，为燕所虏，唯田单宗人以铁笼故得脱，东保即墨。燕既尽降齐城，唯独莒、即墨不下。燕军闻齐王在莒，并兵攻之。淖齿既杀湣王于莒，因坚守，距（拒）燕军，数年不下。燕引兵东围即墨，即墨大夫出与战，败死。城中相与推田单，曰："安平之战，田单宗人以铁笼得全，习兵。"立以为将军，以即墨距（拒）燕。

◎ **大意** 田单，是齐国田氏王室的远房子弟。齐湣王在位时，田单任临菑管理市场的小官，不被重用。燕国派乐毅攻破齐国，齐湣王出逃，其后据守莒城。燕军长驱直入几乎占领齐地，而田单逃到安平，让他的族人把车子轴头锯掉而包上铁箍。不久燕军攻安平，城池被攻破，齐国人逃跑时，争抢道路，许多车子因轴头撞折而损坏，乘客被燕军俘虏，只有田单一族人因车轴有铁箍保护而得以逃脱，一路向东，据守即墨。燕军已降服了齐国所有城邑，只有莒和即墨久攻未下。燕军听说齐王在莒城，便集中兵力攻打这里。齐将淖齿在莒城杀了齐湣王，坚守抵抗，燕军几年都未攻下莒城。燕国将领便率军向东围攻即墨。即墨守城大夫出城与燕军交战，失败战死，城里的人共同推举田单为将，说："安平一战，田单的族人因为铁箍得以保全，他是懂得用兵的人。"于是立田单为将军，据守即墨抵抗燕军。

顷之，燕昭王卒，惠王立，与乐毅有隙。田单闻之，乃纵反间于燕，宣言曰："齐王已死，城之不拔者二耳。乐毅畏诛而不敢归，以伐齐为名，实欲连兵南面而王齐。齐人未附，故且缓攻即墨以待其事。齐人所惧，唯恐他将之来，即墨残矣。"燕王以为然，使骑劫代乐毅。

◎ **大意** 过了不久，燕昭王逝世，燕惠王即位，他和乐毅有矛盾。田单听说了，就派人到燕国实行反间计，扬言说："齐王已经死了，齐国只有两座城邑没有被攻下。乐毅害怕被杀而不敢回来，名义上是征讨齐国，其实是要在齐国称王。齐国百姓还没有归附，所以暂时放缓进攻即墨而等待时机。齐国人所害怕的是其他将军的到来，这样即墨就难以保全了。"燕王认为很对，便任命骑劫代替乐毅。

乐毅因归赵，燕人士卒忿。而田单乃令城中人食必祭其先祖于庭，飞鸟悉翔舞城中下食。燕人怪之。田单因宣言曰："神来下教我。"乃令城中人曰："当有神人为我师。"有一卒曰："臣可以为师乎？"因反走。田单乃起，引还，东乡（向）坐，师事之。卒曰："臣欺君，诚无能也。"田单曰："子勿言也！"因师之。每出约束，必称神师。乃宣言曰："吾唯惧燕军之劓（yì）所得齐卒，置之前行，与我战，即墨败矣。"燕人闻之，如其言。城中人见齐诸降者尽劓，皆怒，坚守，唯恐见得。单又纵反间曰："吾惧燕人掘吾城外冢墓，僇先人，可为寒心。"燕军尽掘垄墓，烧死人。即墨人从

奇人田单

城上望见，皆涕泣，俱欲出战，怒自十倍。

◎ **大意** 于是乐毅回到家乡赵国，燕国人对此都愤愤不平。田单命令城里的人吃饭时一定要在庭院祭祀自己的祖先，于是飞鸟都在城邑上空盘旋，去吃祭祀的食物。燕国人觉得奇怪。田单就趁机宣传说："这是神灵下凡来教我如何打仗。"于是命令城中人说："应当有神人当我的军师。"有一个士卒说："我可以做军师吗？"说完转身就跑。田单便站起身来，把他请回来，让他面向东坐，依照礼节拜他为军师。士卒说："我欺骗了您，我确实没有才能。"田单说："您不要说话！"于是把他尊为军师。他每次发布号令，必定说是神师的主意。又扬言说："我只害怕燕军把割掉鼻子的齐兵俘虏放在阵前与我们作战，这样即墨就会被攻下。"燕人听说之后，照着做了。城里的人看见齐国所有投降的士卒被割了鼻子，都很愤怒，坚守城邑，只怕被俘。田单又派出间谍说："我们害怕燕国人挖开我们城外的坟墓，侮辱祖先，这会令我们寒心。"燕军于是挖开城外所有坟墓，焚烧尸体。即墨城里的人在城头看见，全都痛哭流涕，要求出战，对燕军的怨恨增加了十倍。

田单知士卒之可用，乃身操版插（锸），与士卒分功，妻妾编于行伍之间，尽散饮食飨士。令甲卒皆伏，使老弱女子乘城，遣使约降于燕，燕军皆呼万岁。田单又收民金，得千溢（镒），令即墨富豪遗燕将，曰："即墨即降，愿无虏掠吾族家妻妾，令安堵。"燕将大喜，许之。燕军由此益懈。

◎ **大意** 田单看出兵士此时已斗志昂扬，就亲自携带筑墙掘土的工具，与士卒一起修筑防御工事，又把自己的妻妾编排在军队里，把食物全部发给兵士。他让披甲的士兵全部埋伏起来，让老弱妇女登上城墙守卫，派遣使者到燕国部队谈判投降的条件，燕军都欢呼万岁。田单又收集百姓的金子，得到一千镒，让即墨城里的富豪送去给燕将，说："即墨马上要投降，希望不要俘虏我们族人家的妻妾，能使安居。"燕将大喜，答应了他们。燕军由此更加松懈。

田单乃收城中得千余牛，为绛缯（zēng）衣，画以五彩龙文，束兵刃于其角，而灌脂束苇于尾，烧其端。凿城数十穴，夜纵牛，壮士五千人随其后。牛尾热，怒而奔燕军，燕军夜大惊。牛尾炬火光明炫耀，燕军视之皆龙文，所触尽死伤。五千人因衔枚击之，而城中鼓噪从之，老弱皆击铜器为声，声动天地。燕军大骇，败走。

齐人遂夷杀其将骑劫。燕军扰乱奔走，齐人追亡逐北，所过城邑皆畔（叛）燕而归田单，兵日益多，乘胜，燕日败亡，卒至河上，而齐七十余城皆复为齐。乃迎襄王于莒，入临菑而听政。

◎**大意** 田单从城中收集了一千余头牛，给它们穿上大红色的丝衣，画上五颜六色的龙纹，在牛角上捆着兵器，在牛尾上绑着浇灌油脂的芦苇，点燃末端。在城墙上凿开几十个洞穴，夜里放出牛群，又让五千名壮士跟随在牛的后面。牛感到尾巴灼热，发狂奔向燕军，燕军被吓得心惊胆战。牛尾上的火把光明耀眼，燕军目之所及都是龙纹，撞到牛的人都要死伤。五千壮士趁此机会口中衔枚，迅速出击，而城中人随着擂鼓呐喊，老弱之人也都敲击铜器助威，响声惊天动地。燕军十分害怕，兵败逃跑。于是齐国人斩杀了燕国将军骑劫。燕军慌忙奔逃，齐国人追击败军，所经过的城邑人们都背叛燕国而归附田单，兵士一天比一天多，乘胜追击，燕军每天溃败逃跑，终于退到黄河边上，而齐国的七十余城都回到齐国手中。于是田单到莒城迎回齐襄王，襄王就进入临菑处理政事。

襄王封田单，号曰安平君。

◎**大意** 襄王封赏了田单，赐封号为安平君。

太史公曰：兵以正合，以奇胜。善之者，出奇无穷。奇正还相生，如环之无端。夫始如处女，适（敌）人开户；后如脱兔，适（敌）不及距（拒）：其田单之谓邪！

◎**大意** 太史公说：用兵打仗要正面交锋，而用奇兵制胜。善于用兵的人，总是能够有无穷的奇计。正面的交锋和奇兵的制胜两种战术相互转化，就如同圆环没有接口。用兵之初要像处女那样沉静柔弱，这样敌人就会敞开门户不做防备；之后就要像逃跑的兔子一般快速敏捷，使敌人来不及防御：田单的用兵之道大概就是这样了！

爱国诗人屈原

选自《屈原贾生列传》

    屈原者，名平，楚之同姓也。为楚怀王左徒。博闻强志，明于治乱，娴于辞令。入则与王图议国事，以出号令；出则接遇宾客，应对诸侯。王甚任之。

◎ **大意** 屈原，名平，是楚王的同姓。他担任楚怀王的左徒。他学识广博而记忆力强，通晓国家存亡兴衰的道理，擅长应酬交往的辞令。他入朝就和楚王商议国家大事，制定政令；散朝之后则接待各国宾客，处理与各诸侯国的外交事务。楚怀王对他非常信任。

    上官大夫与之同列，争宠而心害其能。怀王使屈原造为宪令，屈平属草稿未定。上官大夫见而欲夺之，屈平不与，因谗之曰：

"王使屈平为令，众莫不知，每一令出，平伐其功，曰以为'非我莫能为'也。"王怒而疏屈平。

◎ **大意**　上官大夫和屈原职位相同，他为了争得怀王的宠信而嫉妒屈原的才能。怀王命令屈原制定国家法令，屈原刚写完草稿还没有修订。上官大夫见到之后想据为己有，屈原不肯给他。他就向楚怀王进谗言道："大王您让屈原制定法令，无人不知，每颁布一条法令，屈原就自夸其功，说是'除了我别人都制定不出来'。"怀王听了很生气，逐渐疏远了屈原。

屈平疾王听之不聪也，谗谄之蔽明也，邪曲之害公也，方正之不容也，故忧愁幽思而作《离骚》。"离骚"者，犹离（罹）忧也。夫天者，人之始也；父母者，人之本也。人穷则反（返）本，故劳苦倦极，未尝不呼天也；疾痛惨怛（dá），未尝不呼父母也。屈平正道直行，竭忠尽智以事其君，谗人间之，可谓穷矣。信而见疑，忠而被谤，能无怨乎？屈平之作《离骚》，盖自怨生也。《国风》好色而不淫，《小雅》怨诽而不乱。若《离骚》者，可谓兼之矣。上称帝喾，下道齐桓，中述汤武，以刺世事。明道德之广崇，治乱之条贯，靡不毕见（现）。其文约，其辞微，其志洁，其行廉，其称文小而其指极大，举类迩而见义远。其志洁，故其称物芳。其行廉，故死而不容。自疏濯淖（zhuó nào）污泥之中，蝉蜕于浊秽，以浮游尘埃之外，不获世之滋垢，皭（jiào）然泥而不滓者也。推此志也，虽与日月争光可也。

◎ **大意**　屈原痛心于怀王偏听偏信而难以分辨是非，被谗佞之徒遮掩了洞察力，邪恶小人伤害了公道，正直的人不为朝廷所容，所以忧愁深思而写成《离骚》。所谓"离骚"，就是遭受忧患的意思。上天是人的起源，父母是人的根本。人在处境窘迫的时候就要追念本源，所以在劳累困苦达到极点时，没有不呼叫上天的；身心伤痛无法忍受时，没有不呼叫父母的。屈原坚持正确的原则与耿直的行为，竭尽忠诚和才智来侍奉国君，却受到小人的挑拨离间，其处境可谓极其困窘了。诚信反被猜疑，忠心反被诽谤，怎能没有怨愤呢？屈原所作的《离骚》，可以说是由怨愤产生的。《国风》虽然有许多描写男女之情的作品但不涉及淫乱，《小雅》虽然有许多抒发诽谤愤怨之情的作品但没有扰乱君臣分际。《离骚》可以说是兼具以上两者的优点。它向上追溯到帝喾的事迹，向下称道齐桓公的伟业，中间叙述商汤、周武王的德政，以此来批评时政。它阐明道德的广博深远，治乱的因果条理，（这些）无不详尽地体现出来。其语言简约，其内容深微，其情志高洁，其品行廉正，其文句虽写的是细小事物，但意旨极其博大；其所举的比喻虽然都是近在眼前之事，但体现的意义极其深远。其情志高洁，所以作品中反复提到芬芳的草木。其品行廉正，所以至死也未能容于自己的祖国。身处污泥浊水之中而能洁身自好，就像蝉蜕壳于污秽的环境，而浮游于尘埃之外，不被世俗的污垢所玷污，清白高洁出淤泥而不染。推想他的高尚情志，就是与日月争辉也是可以的。

屈平既绌（黜），其后秦欲伐齐，齐与楚从亲，惠王患之，乃令张仪详（佯）去秦，厚币委质（贽）事楚，曰："秦甚憎齐，齐与楚从亲，楚诚能绝齐，秦愿献商、於之地六百里。"楚怀王贪而信张仪，遂绝齐，使使如秦受地。张仪诈之曰："仪与王约六里，不闻六百里。"楚使怒去，归告怀王。怀王怒，大兴师伐秦。秦发兵击之，大破楚师于丹、淅（xī），斩首八万，虏楚将屈匄，遂取楚之汉中地。怀王乃悉发国中兵以深入击秦，战于蓝田。魏闻之，袭楚至邓。楚兵惧，自秦归。而齐竟怒不救楚，楚大困。

◎**大意** 屈原被贬黜后，秦国打算攻打齐国，可是齐国与楚国有合纵的盟约，秦惠王对此感到忧虑，于是命令张仪假装脱离秦国，备了丰厚的礼物来投靠楚国，说："秦国非常痛恨齐国，齐国和楚国有合纵的盟约，楚国如果真能和齐国断交，秦国愿意献出商、於一带六百里的土地。"楚怀王贪图土地而相信了张仪的话，就和齐国断绝了关系，并派使臣到秦国接受所献土地。张仪骗使者道："我和楚王约定的是六里土地，没听说过什么六百里。"楚国使臣愤怒而回，禀报怀王。楚怀王勃然大怒，起兵攻打秦国。秦国也派兵迎击，在丹水和淅水流域大破楚军，斩杀八万人，俘虏了楚将屈匄，乘胜夺取了楚国的汉中地区。于是楚怀王调发国内全部兵力深入秦地攻打秦国，在蓝田展开大战。魏国得知此事，派兵偷袭楚国，进军至邓地。楚军惊恐，从秦国撤退。齐国因痛恨楚国的绝交而不发兵相救，楚国的处境大为困窘。

明年，秦割汉中地与楚以和。楚王曰："不愿得地，愿得张仪而甘心焉。"张仪闻，乃曰："以一仪而当汉中地，臣请往如楚。"如楚，又因厚币用事者臣靳尚，而设诡辩于怀王之宠姬郑袖。怀王竟听郑袖，复释去张仪。是时屈平既疏，不复在位，使于齐，顾反(返),谏怀王曰:"何不杀张仪?"怀王悔,追张仪不及。

◎**大意** 第二年,秦国要割让汉中地区与楚国讲和。但楚怀王说:"不愿得到土地,只想得到张仪就甘心了。"张仪听到这话,就说:"用我一个来换取汉中之地很值得,我请求到楚国去。"张仪到了楚国,又用丰厚的礼物送给楚国当权的大臣靳尚,继而用诡辩来欺骗怀王的宠姬郑袖。怀王竟然听信了郑袖的话,又放走了张仪。这时屈原已被疏远,不再担任重要官职,出使于齐国,回来之后,劝谏怀王道:"怎么不杀掉张仪?"怀王后悔,派人追赶张仪却已追不到了。

其后诸侯共击楚,大破之,杀其将唐眛。

◎**大意** 此后诸侯国联合攻打楚国,大败楚军,杀死了楚国大将唐眛。

时秦昭王与楚婚,欲与怀王会。怀王欲行,屈平曰:"秦虎狼之国,不可信,不如毋行。"怀王稚子子兰劝王行:"奈何绝秦欢!"怀王卒行。入武关,秦伏兵绝其后,因留怀王,以求割地。怀王怒,不听。亡走赵,赵不内(纳)。复之秦,竟死于秦而归葬。

◎**大意** 这时秦昭王想和楚国结为姻亲,要求和怀王会晤。楚怀王想要前往,屈原说:"秦国是虎狼一般凶暴的国家,不能信任,不如不去。"怀王的小儿子子兰劝怀王前去,说:"为什么要拒绝秦王的好意!"怀王最终去了。他进入武关,秦国的伏兵断绝了他的归路,因而拘留怀王,以此要求割让土地。怀王大怒,不答应。他逃到赵国,赵国拒绝收留他。楚怀王不得已又回到秦国,最终死在秦国而遗体归葬楚国。

长子顷襄王立,以其弟子兰为令尹。楚人既咎子兰以劝怀王入秦而不反(返)也。

◎**大意** 怀王的大儿子顷襄王继位,任命他的弟弟子兰为令尹。楚国人都怪罪子兰劝怀王误入秦国而不得生还。

屈平既嫉之,虽放流,眷顾楚国,系心怀王,不忘欲反(返),冀幸君之一悟,俗之一改也。其存君兴国而欲反覆之,一篇之中三致志焉。然终无可奈何,故不可以反,卒以此见怀王之终不悟也。

人君无愚智贤不肖，莫不欲求忠以自为，举贤以自佐，然亡国破家相随属，而圣君治国累世而不见者，其所谓忠者不忠，而所谓贤者不贤也。怀王以不知忠臣之分，故内惑于郑袖，外欺于张仪，疏屈平而信上官大夫、令尹子兰。兵挫地削，亡其六郡，身客死于秦，为天下笑。此不知人之祸也。《易》曰："井泄不食，为我心恻，可以汲。王明，并受其福。"王之不明，岂足福哉！

◎**大意** 屈原痛恨子兰的所作所为，虽然身遭放逐，但眷恋楚国，心系怀王，时刻不忘重回朝廷，殷切地希望国君能醒悟，改变不良的风气。他总是不忘君王和复兴国家而想把楚国从困弱之境中拯救出来，因此在一篇作品中多次流露这种情志。然而终究无可奈何，也未能重返朝廷，终于明白怀王始终是不能醒悟的。国君无论是愚蠢的、明智的、贤能的、无能的，都想寻求忠臣来帮助自己，选举贤才来辅佐自己，然而亡国破家的悲剧不断发生，而明君治世好多代都见不到，原因就在于其所谓忠臣其实不忠，所谓贤才其实不贤。怀王因不知晓忠臣与不忠者的分别，所以在宫廷内被郑袖迷惑，在宫廷外被张仪欺骗，疏远屈原而亲信上官大夫、令尹子兰。使军队受挫国土侵削，失去了六个郡县，自身也客死秦国，被天下人耻笑。这是不能识人所造成的灾祸啊。《易经》上说："井已经疏浚干净了却没人来喝水，使我心中难过，这是可以饮用的啊。君主贤明，大家都得到幸福。"而怀王这样不贤明，哪里能获得幸福啊！

令尹子兰闻之大怒，卒使上官大夫短屈原于顷襄王，顷襄王怒而迁之。

◎**大意** 令尹子兰听到以上情况非常愤怒，便让上官大夫在顷襄王的面前说屈原的坏话，顷襄王非常恼怒，于是把屈原放逐到更远的地方。

屈原至于江滨，被发行吟泽畔。颜色憔悴，形容枯槁。渔父见而问之曰："子非三闾大夫欤？何故而至此？"屈原曰："举世混浊而我独清，众人皆醉而我独醒，是以见放。"渔父曰："夫圣人者，不凝滞于物而能与世推移。举世混浊，何不随其流而扬其波？众人皆醉，何不铺（bū）其糟而啜其醨（lí）？何故怀瑾握瑜而自令见放为？"屈原曰："吾闻之，新沐者必弹冠，新浴者必振衣，人又谁能以身之察察，受物之汶汶者乎！宁赴常流而葬乎江鱼腹中耳，又安能以皓皓之白而蒙世俗之温蠖（huò）乎！"

◎**大意**　屈原来到江边，披头散发悲吟于泽边。脸色憔悴，形体干瘦。一位渔翁看见后问他："您不是三闾大夫吗？为什么到这里来了？"屈原说："世人都是浑浊的而我独自清白，众人都昏醉而我独自清醒，所以才被流放。"渔翁说："道德修养达到最高境界的人不会凝固滞留在对事物的某种看法上，而是能随着世情的变化而变化。既然社会都混浊，何不随波逐流？既然世人都昏醉，何不跟着吃糟喝酒？为什么要保持美玉一般的品德而落得自身被流放的结果呢？"屈原说："我听说过，刚洗过头的人一定要弹弹帽子，刚洗过澡的人一定要抖抖衣服，人们又有谁愿意以清白的自身，去忍受外物的污辱呢？我宁愿投身长流的江水而葬身于鱼腹之中，又怎么能让清白的品德蒙受世俗的污染呢！"

乃作怀沙之赋。其辞曰：

◎**大意**　于是写了《怀沙》赋，其中写道：

陶陶孟夏兮，草木莽莽。伤怀永哀兮，汩徂（gǔ cú）南土。眴（瞬）兮窈窈，孔静幽墨。冤结纡轸（yū zhěn）兮，离（罹）愍（mǐn）之长鞠；抚情效志兮，俛（俯）诎（屈）以自抑。

◎**大意**　天气和暖的初夏呀，草木茂盛地生长。悲伤长期充满胸怀啊，我急匆匆来到南方。眼前是一片茫茫啊，沉寂得毫无声响。冤情凝结为委屈沉痛啊，遭遇忧愁困苦的日子太长。抚心自问而无过错啊，蒙受冤屈而自我克制。

刓（wán）方以为圜（圆）兮，常度未替，易初本由兮，君子所鄙。章画职（识）墨兮，前度未改；内直质重兮，大人所盛。巧匠不斲兮，孰察其揆正？玄文幽处兮，朦（méng）谓之不章；离娄微睇（dì）兮，瞽（gǔ）以为无明。变白而为黑兮，倒上以为下。凤皇在笯（nú）兮，鸡雉翔舞。同糅玉石兮，一概而相量。夫党人之鄙妒兮，羌不知吾所臧。

◎**大意**　想把方木削成圆木啊，但正常法度不可改易。抛弃当初的正道而走邪路啊，这是君子所鄙视的。明确规划而牢记法度啊，往日的初衷不会改变。品性忠厚而心地端正啊，为君子所赞美。巧匠不挥动斧头砍削啊，谁能看出是否合乎标准。

爱国诗人屈原 ◎

黑色的花纹放在幽暗之处啊，盲人会说花纹并不明显；离娄稍微一瞥就看清了啊，盲人反说他是瞎了眼。白色被当作黑色啊，上方被颠倒成下方。凤凰被关进了笼子里啊，却让鸡起舞飞翔。美玉和粗石混在一起啊，竟认为价值等量。那些帮派小人卑鄙嫉妒啊，全然不了解我的纯洁高尚。

　　任重载盛兮，陷滞而不济；怀瑾握瑜兮，穷不得余所示。邑犬群吠兮，吠所怪也；诽骏疑桀兮，固庸态也。文质疏内兮，众不知吾之异采；材朴委积兮，莫知余之所有。重仁袭义兮，谨厚以为丰；重华不可牾（wǔ）兮，孰知余之从容！古固有不并兮，岂知其故也？汤禹久远兮，邈不可慕也。惩违改忿兮，抑心而自强；离（罹）湣而不迁兮，愿志之有象。进路北次兮，日昧昧其将暮；含忧虞哀兮，限之以大故。

◎ **大意**　任重道远负载太重啊，却陷入泥坑停滞不前；身怀美玉般的品格啊，处境困窘而不能自我表白。城中群犬胡乱狂吠啊，吠它所感到怪异的事物。诽谤俊才猜疑豪杰啊，这本来就是庸人的丑态。外表粗疏内心朴实啊，众人不知我的异彩；未雕饰的材料被丢弃啊，没人知道我所具有的美质。我注重仁与义的修养啊，恭敬忠厚地不断增强；虞舜已不可再遇啊，又有谁知晓我的自信与安详！古代的圣贤也难得同世而生啊，哪里能知道这是什么缘故？商汤、夏禹距今年代久远啊，渺茫到没有办法追慕。停止怨恨改正愤慨啊，抑制内心而使自己更加坚强。遭受忧患而不改变初衷啊，只希望我的情志成为后人的榜样。我又顺路北行啊，迎着昏暗将落的夕阳。忍着忧虑而强作欢颜啊，死亡就在不远的前方。

　　乱曰：浩浩沅、湘兮，分流汩兮。修路幽拂兮，道远忽兮。曾吟恒悲兮，永叹慨兮。世既莫吾知兮，人心不可谓兮。怀情抱质兮，独无匹兮。伯乐既殁兮，骥将焉程兮？人生禀命兮，各有所错（措）兮。定心广志，余何畏惧兮？曾伤爰哀，永叹喟兮。世溷（hùn）不吾知，心不可谓兮。知死不可让兮，愿勿爱兮。明以告君子兮，吾将以为类兮。

◎ **大意**　尾声：浩荡的沅水、湘江啊，不停地流淌着翻波涌浪。道路漫长而又昏暗啊，前程又是何等渺茫。我怀着长久的悲伤不断地歌吟啊，长声地叹息而又感慨凄凉。世上没人了解我啊，谁能听我诉说衷肠。怀有高尚的情操和纯美的本质啊，卓然独立举世无双。伯乐早已死去啊，谁能识别千里马是骏良？人生一世秉承命运啊，各有各的应当措置的地方。我内心坚定心胸宽广啊，其他还有什么值得畏惧？重重的忧伤与悲哀啊，只有叹息声不断增长。世道混乱没有知音啊，人心叵测难以估量。知道人终须死去啊，就不必对生命过分地珍爱了。明白地告诉君子啊，我将为后人做出榜样。

于是怀石遂自投汨（mì）罗以死。

◎**大意** 于是屈原怀抱石头自沉汨罗江而死。

屈原既死之后，楚有宋玉、唐勒、景差之徒者，皆好辞而以赋见称；然皆祖屈原之从容辞令，终莫敢直谏。其后楚日以削，数十年竟为秦所灭。

◎**大意** 屈原死后，楚国有宋玉、唐勒、景差等人，他们都爱好文学而以擅长辞赋著名。但是他们都只师法屈原的文辞委婉含蓄的特点，而最终没有敢像屈原那样直言劝谏。此后楚国一天天削弱，几十年之后终于被秦国消灭。

自屈原沉汨罗后百有余年，汉有贾生，为长沙王太傅，过湘水，投书以吊屈原。

◎**大意** 屈原沉江而死一百多年之后，汉朝有个贾谊，去做长沙王太傅，经过湘水时，写了篇文章投入江中来祭吊屈原。

秦朝丞相李斯

选自《李斯列传》

　　李斯者，楚上蔡人也。年少时，为郡小吏，见吏舍厕中鼠食不洁，近人犬，数惊恐之。斯入仓，观仓中鼠，食积粟，居大庑（wǔ）之下，不见人犬之忧。于是李斯乃叹曰："人之贤不肖譬如鼠矣，在所自处耳！"

◎**大意**　李斯，楚国上蔡人。他年轻时，担任郡里的小官员，看到办公处厕所里的老鼠吃脏东西，人或狗接近时，多次受惊。李斯进入仓库，看到仓库中的老鼠，吃着囤积的粟米，住在大屋子里，不见它被人或狗惊扰。于是李斯慨叹："人有出息还是没出息，就像老鼠一样，是由自己所处的环境决定的！"

　　乃从荀卿学帝王之术。学已成，度楚王不足事，而六国皆弱，无可为建功者，欲西入秦。辞于荀卿曰："斯闻得时无怠，今万乘方争时，游者主事。今秦王欲吞天下，称帝而治，此布衣驰骛之时而游说者之秋也。处卑贱之位而计不为者，此禽（擒）鹿视肉，人面而能强行者耳。故诟莫大于卑贱，而悲莫甚于穷困。久处卑贱之位，困苦之地，非世而恶利，自托于无为，此非士之情也。故斯西说秦王矣。"

◎**大意** 于是李斯跟荀卿学习统治天下的理论和策略。完成学业之后，李斯估计楚王不能成大事，而六国都衰弱，不可能为他们建功立业，想向西到秦国。他辞别荀卿说："我听说抓住时机就不要松懈。如今各诸侯国都在争斗的时候，游说之士掌握实权。现在秦王想吞并天下，称帝统治，这正是平民出身的政治活动家和游说之士奔走四方、施展抱负的好时机。处于卑贱地位而不想办法的人，就像是捉住了鹿而只能看着它的肉却吃不到嘴里，白白长了一副人的面孔而只能勉强直立行走。所以没有比卑贱更大的耻辱，没有比穷困更大的悲哀。长期处于卑贱的地位、穷困的逆境之中，还非议世俗，厌恶名利，标榜与世无争，这不是士人的本意。所以我将向西去游说秦王。"

　　至秦，会庄襄王卒，李斯乃求为秦相文信侯吕不韦舍人；不韦贤之，任以为郎。李斯因以得说，说秦王曰："胥人者，去其几也。成大功者，在因瑕衅而遂忍之。昔者秦缪公之霸，终不东并六国者，何也？诸侯尚众，周德未衰，故五伯（霸）迭兴，更尊周室。自秦孝公以来，周室卑微，诸侯相兼，关东为六国，秦之乘胜役诸侯，盖六世矣。今诸侯服秦，譬若郡县。夫以秦之强，大王之贤，由灶上骚（扫）除，足以灭诸侯，成帝业，为天下一统，此万世之一时也。今怠而不急就，诸侯复强，相聚约从，虽有黄帝之贤，不能并也。"秦王乃拜斯为长史，听其计，阴遣谋士赍持金玉以游说诸侯。诸侯名士可下以财者，厚遗结之；不肯者，利剑刺之。离其君臣之计，秦王乃使其良将随其后。秦王拜斯为客卿。

◎**大意** 到了秦国，适逢秦庄襄王去世，李斯就请求充当秦国丞相文信侯吕不韦的家臣；吕不韦认为他贤能，任命他为侍卫官。李斯因此有了游说的机会，游说秦王说："平庸的人，常失去机会。成就大功业的人，总是在有机可乘时下狠心消灭敌人。从前秦穆公称霸，但最终没有向东兼并六国，为什么呢？当时诸侯还相当多，周王室德望没有衰落，所以五霸交替兴起，更相尊奉周王室。自从秦孝公以来，周王室卑弱衰微，诸侯互相兼并，函谷关以东地区形成六国，秦国乘胜控制诸侯，已经有六代了。如今诸侯服从秦国，就像秦国的郡县一样。以秦国的强大、大王的贤明，如同扫除灶上的灰尘，完全可以消灭诸侯，成就帝业，统一天下，这是万世难逢的好机会呀。现在懈怠不赶紧去做，诸侯再强盛，互相聚合订立合纵盟约，即使有黄帝的贤明，也不能兼并它们了。"秦始皇就任命李斯为长史，听从他的计谋，暗中派遣谋士挟带黄金美玉去游说诸侯国。诸侯国的知名人士可以用金钱收买的，就赠送厚礼来结交他们；不肯接受礼物的，就用利剑刺杀他们。施展离间诸侯国君臣关系的计策后，秦王接着派得力将领去攻打。秦王任命李斯为客卿。

会韩人郑国来间秦，以作注溉渠，已而觉。秦宗室大臣皆言秦王曰："诸侯人来事秦者，大抵为其主游间于秦耳，请一切逐客。"李斯议亦在逐中。斯乃上书……

◎**大意** 正巧韩国人郑国来离间秦国君臣，劝说秦国修建灌溉的水渠，不久被发觉。秦国宗室大臣都对秦王说："诸侯国的人来为秦国服务的，大都是为他们的国君到秦国来游说离间罢了，请大王把所有宾客一律驱逐。"李斯也在被提议放逐的行列中。李斯就上书劝谏……

秦王乃除逐客之令，复李斯官，卒用其计谋。官至廷尉。二十余年，竟并天下，尊主为皇帝，以斯为丞相。夷郡县城，销其兵刃，示不复用。使秦无尺土之封，不立子弟为王、功臣为诸侯者，使后无战攻之患。

◎**大意** 于是秦王废除驱逐宾客的命令，恢复了李斯的官职，最终采用了他的计谋。李斯官至廷尉。经过二十多年，秦国最终兼并了天下，尊崇秦王为皇帝，任命李斯为丞相。拆除郡县的城墙，销毁郡县的兵器，以表示不再使用。秦国的土地一尺也不分封，不立宗室子弟为王、不立功臣为诸侯，为的是以后不再有战争的祸患。

始皇三十四年，置酒咸阳宫，博士仆射周青臣等颂称始皇威德。齐人淳于越进谏曰："臣闻之，殷、周之王千余岁，封子弟功臣自为支辅。今陛下有海内，而子弟为匹夫，卒有田常、六卿之患，臣无辅弼，何以相救哉？事不师古而能长久者，非所闻也。今青臣等又面谀以重陛下过，非忠臣也。"始皇下其议丞相。丞相谬其说，绌其辞，乃上书曰："古者天下散乱，莫能相一，是以诸侯并作，语皆道古以害今，饰虚言以乱实，人善其所私学，以非上所建立。今陛下并有天下，别白黑而定一尊；而私学乃相与非法教之制，闻令下，即各以其私学议之，入则心非，出则巷议，非主以为名，异趣以为高，率群下以造谤。如此不禁，则主势降乎上，党与成乎下。禁之便。臣请诸有文学《诗》《书》百家语者，蠲（juān）除去之。令到满三十日弗去，黥为城旦。所不去者，医药卜筮种树之书。若有欲学者，以吏为师。"始皇可其议，收去《诗》《书》百家之语以愚百姓，使天下无以古非今。明法度，定律令，皆以始皇起。同文书。治离宫别馆，周遍天下。明年，又巡狩，外攘四夷，斯皆有力焉。

◎**大意** 秦始皇三十四年，在咸阳宫摆设酒宴，博士仆射周青臣等人称颂秦始皇的威望德行。齐人淳于越进谏道："我听说，殷和周统治天下一千多年，分封子弟及功臣，作为自己的辅佐力量。如今陛下享有天下，宗室子弟却为平民，如若出现田常、六卿那样的祸患，没有辅佐的藩臣，怎么来救助呢？办事不学习古人的经验而能够长久的，我没有听说过。现在周青臣等人又当面阿谀奉承以加重陛下的过失，不是忠臣。"始皇把这个意见交给丞相讨论。李斯认为这种说法荒谬，批驳他的说法。于是李斯上书说："古代天下散乱，没有谁能统一，因此诸侯纷纷兴起，人们说话都称道过去而非议当代，用空言粉饰以混乱事实，人人都称赞自己一派的学说，来否定朝廷所建立的法令制度。如今陛下已经统一天下，分辨了黑白是非，使海内共同尊崇皇帝一人；然而私家学说非议朝廷的法令制度，听说法令颁布，立即用自己的一套学说来评论它，在家的时候怀有不满，外出的时候就在街头巷尾议论，以批评君王来炫耀自己的名声，以标新立异为高明，率领下层民众诽谤朝廷。这种情况如不禁止，那么在上面的君主的权势要下降，在下面的臣子就要结成党朋。禁止这种情况才有利。我请求凡有《诗》《书》诸子百家著作的，都要清除掉。命令下达三十天后还不清除的，处以黥刑并服四年的筑城苦役。不在清除之列的，是医药、占卜、种植等类的书籍。如果有想学习的，可拜官吏为老师。"秦始皇认可他的奏议，收缴了《诗》《书》和诸子百家的著作以使百姓愚昧，使天下的人无法借古讽今。严明制度，修订律令，都从秦始皇开始。统一文字。修建离宫别馆，使其遍布天下。第二年，秦始皇又巡视各地，对外讨伐四方异族，李斯都出了力。

秦朝丞相李斯

斯长男由为三川守，诸男皆尚秦公主，女悉嫁秦诸公子。三川守李由告归咸阳，李斯置酒于家，百官长皆前为寿，门廷车骑以千数。李斯喟然而叹曰："嗟乎！吾闻之荀卿曰'物禁大盛'。夫斯乃上蔡布衣，闾巷之黔首，上不知其驽下，遂擢至此。当今人臣之位无居臣上者，可谓富贵极矣。物极则衰，吾未知所税（脱）驾也！"

◎**大意** 李斯的长子李由担任三川郡守，几个儿子都娶了秦国的公主，女儿都嫁了秦国的皇族子弟。三川郡守李由请假回咸阳，李斯在家中设下酒宴，文武百官都前往祝贺，门前的车马数以千计。李斯深深叹息说："唉！我听荀卿说过'事物忌过于旺盛'。我原是上蔡的平民、街巷里的普通百姓，皇帝不知道我才能平庸，才把我提拔到这个地步。如今做臣子的没有人地位在我之上的，可以说是富贵到极点了。事物发展到极点就要衰退，我不知道归宿在何方呢！"

始皇三十七年十月，行出游会稽，并海上，北抵琅邪。丞相斯、中车府令赵高兼行符玺令事，皆从。始皇有二十余子，长子扶苏以数直谏上，上使监兵上郡，蒙恬为将。少子胡亥爱，请从，上许之。余子莫从。

◎**大意** 秦始皇三十七年十月，出外巡游到会稽山，沿海北上，抵达琅琊。丞相李斯、中车府令赵高兼管符节玺令事务，都跟随着。秦始皇有二十多个儿子，长子扶苏因多次直言劝谏皇帝，始皇派他到上郡监督军队，蒙恬为将领。小儿子胡亥受到宠爱，请求随从，皇上同意了。其余的儿子都没有随从。

其年七月，始皇帝至沙丘，病甚，令赵高为书赐公子扶苏曰："以兵属蒙恬，与丧会咸阳而葬。"书已封，未授使者，始皇崩。书及玺皆在赵高所，独子胡亥、丞相李斯、赵高及幸宦者五六人知始皇崩，余群臣皆莫知也。李斯以为上在外崩，无真太子，故秘之。置始皇居辒辌（wēn liáng）车中，百官奏事、上食如故，宦者辄从辒辌车中可诸奏事。

◎**大意** 这一年七月，秦始皇到达沙丘，病重，命令赵高写信给公子扶苏说："把军队交给蒙恬，到咸阳参加葬礼，然后安葬。"书信都已封好，但还没交给使者，秦始皇就去世了。书信和印玺都在赵高处,只有小儿子胡亥、丞相李斯、赵高以及受宠幸的五六个宦官知道始皇去世,其他的大臣都不知道。李斯认为皇帝在外地去世,朝中没有正式确定的太子,所以秘不发丧。将秦始皇的尸体安放在一辆封闭而能通风的卧车中,百官报告政事、进献饮食和平常一样,宦官则从安放秦始皇尸体的卧车中批准各种奏报的政事。

赵高因留所赐扶苏玺书,而谓公子胡亥曰:"上崩,无诏封王诸子而独赐长子书。长子至,即立为皇帝,而子无尺寸之地,为之奈何?"胡亥曰:"固也。吾闻之,明君知臣,明父知子。父捐命,不封诸子,何可言者!"赵高曰:"不然。方今天下之权,存亡在子与高及丞相耳,愿子图之。且夫臣人与见臣于人,制人与见制于人,岂可同日道哉!"胡亥曰:"废兄而立弟,是不义也;不奉父诏而畏死,是不孝也;能薄而材谫(jiǎn),强因人之功,是不能也:三者逆德,天下不服,身殆倾危,社稷不血食。"高曰:"臣闻汤、武杀其主,天下称义焉,不为不忠。卫君杀其父,而卫国载其德,孔子著之,不为不孝。夫大行不小谨,盛德不辞让,乡曲各有宜而百官不同功。故顾小而忘大,后必有害;狐疑犹豫,后必有悔。断而敢行,鬼神避之,后有成功。愿子遂之!"胡亥喟然叹曰:"今大行未发,丧礼未终,岂宜以此事干丞相哉!"赵高曰:"时乎时乎,间不及谋!赢粮跃马,唯恐后时!"

◎**大意** 赵高趁机扣留下秦始皇赐给扶苏的盖过印玺的书信,而对公子胡亥说:"皇上去世,没有诏令分封各位公子为王而只赐给长子一封书信。长子到来,立即会被立为皇帝,而您没有尺寸的封地,怎么办呢?"胡亥说:"本来就是。我听说,贤明的君主了解臣下,贤明的父亲了解儿子。父亲临终,不分封儿子们,还有什么可说的呢!"赵高说:"不对。如今天下的大权,存亡在您与我以及丞相罢了,希望您考虑一下。况且使别人称臣和向别人称臣,控制别人和被别人控制,怎么能够相提并论呢!"胡亥说:"废黜兄长而拥立弟弟,这是不义;不尊奉父亲的诏令而怕死,这是不孝;能力低下而才智浅陋,勉强依靠别人而建立功业,这是无能。做这三件违反道德的事,天下人不服,自身将陷于危险,国家也会灭亡。"赵高说:"我听说商汤、周武王杀死他们的君王,而天下人称赞是义举,不算不忠。卫君杀死他的父亲,而卫国人称颂他的功德,孔子记载了这件事,不算不孝。做大事可以不拘于细枝末节,道德崇高不必在细节上礼让,乡里风俗各有不同,百官职事各有分工。所以顾细节而失大体，日后必定有祸害；多疑拿不定主意，日后必定要后悔；果断而敢于去做，鬼神也会回避，日后必定成功。希望您按我说的去做。"胡亥深深叹息说："如今皇上去世还未发丧，丧礼没有结束，怎好拿这种事去要求丞相呢！"赵高说："时间啊时间，短暂得来不及谋划！我如同背负干粮骑马赶路一样，唯恐耽误了时间！"

胡亥既然高之言，高曰："不与丞相谋，恐事不能成，臣请为子与丞相谋之。"高乃谓丞相斯曰："上崩，赐长子书，与丧会咸阳而立为嗣。书未行，今上崩，未有知者也。所赐长子书及符玺皆在胡亥所，定太子在君侯与高之口耳。事将何如？"斯曰："安得亡国之言！此非人臣所当议也！"高曰："君侯自料能孰与蒙恬？功高孰与蒙恬？谋远不失孰与蒙恬？无怨于天下孰与蒙恬？长子旧而信之孰与蒙恬？"斯曰："此五者皆不及蒙恬，而君责之何深也？"高曰："高固内官之厮役也，幸得以刀笔之文进入秦宫，管事二十余年，未尝见秦免罢丞相功臣有封及二世者也，卒皆以诛亡。皇帝二十余子，皆君之所知。长子刚毅而武勇，信人而奋士，即位必用蒙恬为丞相，君侯终不怀通侯之印归于乡里，明矣。高受诏教习胡亥，使学以法事数年矣，未尝见过失。慈仁笃厚，轻财重士，辩于心而讷于口，尽礼敬士，秦之诸子未有及此者，可以为嗣。君计而定之。"斯曰："君其反（返）位！斯奉主之诏，听天之命，何虑之可定也？"高曰："安可危也，危可安也。安危不定，何以贵圣？"斯曰："斯，上蔡闾巷布衣也，上幸擢为丞相，封为通侯，子孙皆至尊位重禄者，故将以存亡安危属臣也。岂可负哉！夫忠臣不避死而庶几，孝子不勤劳而见危，人臣各守其职而已矣。君其勿复言，将令斯得罪。"高曰："盖闻圣人迁徙无常，就变而从时，见末而知本，观指而睹归。物固有之，安得常法哉！方今天下之权命悬于胡亥，高能得志焉。且夫从外制中谓之惑，从下制上谓之贼。故秋霜降者草花落，水摇动者万物作，此必然之效也。君何见之晚？"斯曰："吾闻晋易太子，三世不安；齐桓兄弟争位，身死为戮；纣杀亲戚，不听谏者，国为丘墟，遂危社稷：三者逆天，宗庙不血食。斯其犹人哉，安足为谋！"高曰："上下合同，可以长久；中外若一，事无表里。君听臣之计，即长有封侯，世世称孤，必有乔、松之寿，孔、墨之智。今释此而不从，祸及子孙，足以为寒心。善者因祸为福，君何处焉？"斯乃仰天而叹，垂泪太息曰："嗟乎！独遭乱世，既以不能死，安托命哉！"于是斯乃听高。高乃报胡亥曰："臣请奉太子之明命以报丞相，丞相斯敢不奉令！"

◎**大意** 胡亥赞同赵高的话后，赵高说："不跟丞相商议，恐怕事情不能成功，我请求为您与丞相商议这件事。"赵高就去对丞相李斯说："始皇去世，赐给长子书信，让他到咸阳参加丧礼并立为继承人。书信没有发出，如今皇帝去世，没有知道这件事的人了。皇帝赐给长子的书信以及符玺都在胡亥手里，确定太子在您和我一句话罢了。这事准备如何办？"李斯说："怎么能说出这种亡国的话！这不是为人臣子所应当议论的！"赵高说："您自己估量才能和蒙恬相比怎么样？功劳高低和蒙恬相比怎么样？谋略深远而不失误和蒙恬相比怎么样？被天下人拥戴和蒙恬比起来怎么样？跟长子有旧交又深得信任相比蒙恬怎么样？"李斯说："这五个方面我都不如蒙恬，您为什么要如此苛求我呢？"赵高说："我本来是宦官仆吏，有幸凭着精通刑法条文进入秦朝宫廷，管理事务二十多年，没有见过被皇帝罢免的丞相、功臣有把封爵传到第二代的，最终都被诛杀。皇帝有二十多个儿子，都是您所了解的。长子刚毅而且勇武，信任人并善于激励人，即位后肯定会用蒙恬担任丞相，您最终不能带着通侯的印信回到家乡，这是很明显的。我奉诏令教育胡亥，让他学习法律已经好几年了，没有见过他的过失。他仁慈忠厚，轻视钱财而重视贤士，内心敏捷但不善言辞，竭尽礼仪尊敬贤士，秦皇室的各位儿子没有谁赶得上他，可以做继承人。您考虑后做决定吧。"李斯说："您回到您的位置上去吧！我遵照皇上的诏令，听从上天的安排，有什么事需要考虑决定的呢？"赵高说："安全可以转为危险，危险可以转为安全。在安危面前不早做决定，怎么能算尊贵圣明呢？"李斯说："我本是上蔡街巷里的平民，承蒙皇上提拔为丞相，封为通侯，子孙都得到尊贵的地位和丰厚的俸禄，所以皇帝把国家安危存亡托付于我。我怎么能辜负皇上！忠臣不会因贪生而希望生存，孝子不因过分操劳而危害自身，为人臣子要恪守自己的职分。您不要再说了，否则会使我蒙受罪过。"赵高说："听说圣人处世变化无常，为了顺应时势的变化赶上时代，看见事物的苗头就知道事物的根本，看见事物的动向就知道事物的归宿。事物本来就有变化，哪有一成不变的道理！如今天下的权力和命运都掌握在胡亥手中，我能控制局势。况且由外朝来控制内朝叫作惑乱，从下面来控制上面叫作反叛。所以秋霜一降花草随之凋落，冰消雪化就万物更生，这是必然的结果。您为什么见识如此迟钝呢？"李斯说："我听说晋国改立太子，三代不得安宁；齐桓公兄弟争夺王位，被人杀死；商纣杀害亲戚，不听从劝谏，国家成为废墟，终于危害社稷。这三件事违背天意，造成国破家亡。我还是人啊，怎么能参与这种阴谋！"赵高说："上下齐心，可以长久；内外一致，事无差错。您听我的计策，就会长期保有爵位，世世代代称王称侯；肯定会有王子乔、赤松子那样的长寿，孔子、墨子那样的智慧。现在放弃这个机会，灾祸连及子孙，实在令人寒心。聪明人可以因祸得福，您究竟作何打算？"于是李斯仰面朝天叹息，流着眼泪长叹："唉！我偏偏遭遇这样的乱世，既然不能去死，又到哪里寄托我的生命呢？"于是李斯就听从了赵高的建议。赵高就向胡亥报告说："我请求奉太子的命令去通报丞相，丞相怎敢不服从命令！"

　　于是乃相与谋，诈为受始皇诏丞相立子胡亥为太子。更为书赐长子扶苏曰："朕巡天下，祷祠名山诸神以延寿命。今扶苏与将军蒙恬将师数十万以屯边，十有（又）余年矣，不能进而前，士卒多耗（耗），无尺寸之功，乃反数上书直言诽谤我所为，以不得罢归为太子，日夜怨望。扶苏为人子不孝，其赐剑以自裁！将军恬与扶苏居外，不匡正，宜知其谋。为人臣不忠，其赐死，以兵属裨（pí）将王离。"封其书以皇帝玺，遣胡亥客奉书赐扶苏于上郡。

◎**大意**　于是李斯就参与谋划，假称受了秦始皇给丞相的诏令，立秦始皇的儿子胡亥为太子。另伪造诏书给秦始皇的长子扶苏说："我巡视天下，请求各地名山的神灵以延长寿命。如今扶苏与将军蒙恬率领几十万军队守卫边疆，十多年了。不能向前开拓疆土，士兵多有死亡，没有一点功劳，反而多次上书直言毁谤我的行为，因为不能免除屯守任务回朝当太子，整天抱怨。扶苏作为儿子不孝顺，现赐剑让你自杀！将军蒙恬与扶苏居住在外，不纠正扶苏的过错，应当知道他的阴谋。作为臣下不忠诚，赐死，把军队交给副将王离。"封好这封信并盖上皇帝的印，派胡亥的门客带着书信到上郡交给扶苏。

　　使者至，发书，扶苏泣，入内舍，欲自杀。蒙恬止扶苏曰："陛下居外，未立太子，使臣将三十万众守边，公子为监，此天下重任也。今一使者来，即自杀，安知其非诈？请复请，复请而后死，未暮也。"使者数趣（cù）之。扶苏为人仁，谓蒙恬曰："父而赐子死，尚安复请！"即自杀。蒙恬不肯死，使者即以属吏，系于阳周。

◎**大意** 使者到达，拆开书信，扶苏看后哭泣，进入内室，想自杀。蒙恬劝止扶苏说："陛下居住在外，没有立太子，派我带领三十万兵士守边，公子为监军，这是天下的重任。如今来了一个使者，就自杀，怎么知道这不是假的？请您再请示，请示之后再死，不迟。"使者多次催促扶苏，扶苏为人忠厚，对蒙恬说："父亲赐儿子死，还用得着再请示吗！"就自杀了。蒙恬不肯死，使者就把他交给司法官吏，囚禁在阳周。

使者还报，胡亥、斯、高大喜。至咸阳，发丧，太子立为二世皇帝。以赵高为郎中令，常侍中用事。

◎**大意** 使者回来报告，胡亥、李斯、赵高很高兴。回到咸阳，给秦始皇发丧，太子胡亥被立为二世皇帝。任命赵高为郎中令，经常在宫中侍奉皇帝，并掌握实权。

二世燕居，乃召高与谋事，谓曰："夫人生居世间也，譬犹骋六骥过决隙也。吾既已临天下矣，欲悉耳目之所好，穷心志之所乐，以安宗庙而乐万姓，长有天下，终吾年寿，其道可乎？"高曰："此贤主之所能行也，而昏乱主之所禁也。臣请言之，不敢避斧钺之诛，愿陛下少留意焉。夫沙丘之谋，诸公子及大臣皆疑焉，而诸公子尽帝兄，大臣又先帝之所置也。今陛下初立，此其属意怏怏皆不服，恐为变。且蒙恬已死，蒙毅将兵居外，臣战战栗栗，唯恐不终。且陛下安得为此乐乎？"二世曰："为之奈何？"赵高曰："严法而刻刑，令有罪者相坐诛，至收族，灭大臣而远骨肉；贫者富之，贱者贵之。尽除去先帝之故臣，更置陛下之所亲信者近之。此则阴德归陛下，害除而奸谋塞，群臣莫不被润泽，蒙厚德，陛下则高枕肆志宠乐矣。计莫出于此。"二世然高之言，乃更为法律。于是群臣诸公子有罪，辄下高，令鞫（鞠）治之。杀大臣蒙毅等，公子十二人僇（戮）死咸阳市，十公主矺（磔）死于杜，财物入于县官，相连坐者不可胜数。

秦朝丞相**李斯**

◎ **大意**　秦二世退朝闲居，就召见赵高商议事情，对他说："人生在世间，就像驾着六匹骏马飞奔过裂缝那样短暂。我已经统治天下，想满足耳目方面的一切欲望，享受尽我所能想到的一切乐趣，使宗庙安定、百姓快乐，永久享有天下，直到我寿命结束，我的想法行吗？"赵高说："这是贤明的君王能够办到的，而昏乱的君主行不通。我冒昧地说一句不怕杀头的话，请您稍加注意一些。沙丘的密谋，各位公子及大臣都有怀疑，而各位公子都是陛下的兄长，大臣又是先帝所任命的。如今陛下刚继位，这些人心中都怨愤不平，恐怕出变乱。况且蒙恬已经死了，蒙毅领兵在外，我心惊胆战，唯恐不能有好下场，陛下怎能享受这种快乐？"秦二世说："这该怎么办？"赵高说："实行严峻的法律而加重刑罚，让有罪的相互牵连受罚，直至收捕家族所有人员，诛灭大臣并疏远兄弟姐妹；使贫穷的人富有，低贱的人尊贵；除掉先帝所任用的所有旧臣，另外任命陛下所亲信的人在身边。这样他们会内心感激而归附于陛下，祸害消除而奸计杜绝，群臣上下都得到您的恩泽，承受您的厚德，陛下就可以高枕无忧地纵情享乐了。没有比这更好的计谋了。"秦二世赞同赵高的话，于是修改法律。大臣们和各位公子有罪，总是把他们交给赵高，令赵高审讯治罪。杀死大臣蒙毅等，十二个公子在咸阳街市被杀，十个公主在杜县被肢解，财产被官府没收，被牵连治罪的不计其数。

　　公子高欲奔，恐收族，乃上书曰："先帝无恙时，臣入则赐食，出则乘舆。御府之衣，臣得赐之；中厩之宝马，臣得赐之。臣当从死而不能，为人子不孝，为人臣不忠。不忠者无名以立于世，臣请从死，愿葬郦山之足。唯上幸哀怜之。"书上，胡亥大说（悦），召赵高而示之，曰："此可谓急乎？"赵高曰："人臣当忧死而不暇，何变之得谋！"胡亥可其书，赐钱十万以葬。

◎ **大意**　公子高想逃走，害怕全族被收捕，就上书说："先帝健在的时候，我进宫就赐给食物，出宫就赐乘车。皇帝内府中的衣服，我得到过赏赐；宫中马房中的宝马，我得到过赏赐。我应当跟随先帝去死却没有做到，这是做儿子的不孝顺，做臣子的不忠诚。不忠诚的人没有脸面活在世上，我请求跟随先帝去死，只希望把我葬在骊山脚下。求皇上可怜我。"书上奏后，胡亥十分高兴，召见赵高并给他看，说："这可以说是急迫无奈了吧？"赵高说："做臣子的担心死都来不及，哪里还有心思谋反。"胡亥同意了公子高的上书，赐给他十万钱作为安葬费用。

　　法令诛罚日益刻深，群臣人人自危，欲畔（叛）者众。又作阿房之宫，治直、驰道，赋敛愈重，戍徭无已。于是楚戍卒陈胜、吴广等乃作乱，起于山东，杰俊相立，自置为侯王，叛秦，兵至鸿门而却。李斯数欲请间谏，二世不许。而二世责问李斯曰："吾有私议而有所闻于韩子也，曰：'尧之有天下也，堂高三尺，采椽（chuán）不斫，茅茨不翦，虽逆旅之宿不勤于此矣。冬日鹿裘，夏日葛衣，粢粝（zī lì）之食，藜藿（lí huò）之羹，饭土匦（guǐ），啜土铏（xíng），虽监门之养不觳（què）于此矣。禹凿龙门，通大夏，疏九河，曲九防，决渟（tíng）水致之海，而股无胈（bá），胫无毛，手足胼胝（pián zhī），面目黎黑，遂以死于外，葬于会稽，臣虏之劳不烈于此矣。'然则夫所贵于有天下者，岂欲苦形劳神，身处逆旅之宿，口食监门之养，手持臣虏之作哉？此不肖人之所勉也，非贤者之所务也。彼贤人之有天下也，专用天下适己而已矣，此所以贵于有天下也。夫所谓贤人者，必能安天下而治万民，今身且不能利，将恶能治天下哉！故吾愿赐志广欲，长享天下而无害，为之奈何？"李斯子由为三川守，群盗吴广等西略地，过去弗能禁。章邯以（已）破逐广等兵，使者覆案三川相属，诮（qiào）让斯居三公位，如何令盗如此。李斯恐惧，重爵禄，不知所出，乃阿二世意，欲求容，以书对曰：

◎**大意** 法令刑罚一天天严酷苛刻，群臣人人自危，想反叛的人很多。秦二世又造阿房宫，修筑直道、驰道，赋税越来越重，兵役和劳役没有尽头。于是楚地戍守兵士陈胜、吴广等就起来造反，在山东地区起事，英雄豪杰相继响应，自立为侯王，反叛秦朝，他们的军队一直攻到鸿门才退去。李斯多次想找机会劝谏，秦二世不允许，反而责问李斯说："我有个看法，是从韩非子那里听来的。他说'尧有天下，殿堂只有三尺，采来做椽子的木料不加雕饰，茅草盖的屋顶不加修剪，即使是旅店的住宿条件，也没有比这艰苦的。冬天穿鹿皮衣，夏天穿麻布衣，吃粗米饭，喝野菜汤，用土罐吃饭，拿土钵喝水，即使看门人的衣食，也不会如此简陋。夏禹开凿龙门，流通大夏，疏浚众多河流，曲折地筑起多道堤防，引导积水进入大海，而大腿上掉了细密的汗毛，小腿上脱了汗毛，手掌脚掌长出了厚茧，面容黔黑，最终累死在外面，葬在会稽山，即使奴隶的劳苦，也不会比这厉害。'那么因统治天下而尊贵的人，难道就想劳苦自己的身心，身住旅社那样的宿舍，口中吃看门人的衣物，双手干和奴隶一样的活吗？这是没出息的人应尽力干的事，不是贤明的人应该干的。贤明的人享有天下，专门用天下的一切来满足自己罢了，这就是以统治天下为尊贵的缘故。所谓贤明的人，肯定能够安定天下并治理百姓，如今连对自身都不能有好处，怎么能治理天下呢！所以我想随心所欲，永久享有天下而不致发生祸害，这该怎么办？"李斯的儿子李由任三川郡守，群盗吴广等向西攻占地盘，李由没能禁止。章邯击败吴广等的部队后，派人相继去调查三川郡，责备李斯居于三公的位置，怎么让盗贼如此猖狂。李斯恐惧，又把爵位俸禄看得很重，不知怎么办好。于是逢迎秦二世的心意，想求得宽容，便上书回答说：

夫贤主者，必且能全道而行督责之术者也。督责之，则臣不敢不竭能以徇其主矣。此臣主之分定，上下之义明，则天下贤不肖莫敢不尽力竭任以徇其君矣。是故主独制于天下而无所制也。能穷乐之极矣，贤明之主也，可不察焉！

◎**大意** 贤明的君主，肯定是能建立一套制度以实行督察责罚统治术的人。实行督察责罚，那么臣下就不敢不尽他所能为君主效命。这样臣下和君主的名分确定了，上下的职责分明了，那么天下无论是有才能还是无才能的人都不敢不尽心尽职地为君主效命。因此君王能专制天下而不受任何制约。这样就能够享尽一切快乐并达到极点。贤明的君主，怎么可以不认识这一点呢？

故申子曰"有天下而不恣睢，命之曰以天下为桎梏"者，无他焉，不能督责，而顾以其身劳于天下之民，若尧、禹然，故谓之"桎梏"也。夫不能修申、韩之明术，行督责之道，专以天下自适也，而徒务苦形劳神，以身徇百姓，则是黔首之役，非畜天下者也，何足贵哉！夫以人徇己，则己贵而人贱；以己徇人，则己贱而人贵。故徇人者贱，而人所徇者贵，自古及今，未有不然者也。凡古之所为尊贤者，为其贵也；而所为恶不肖者，为其贱也。而尧、禹以身徇天下者也，因随而尊之，则亦失所为尊贤之心矣！夫可谓大缪矣。谓之为"桎梏"，不亦宜乎？不能督责之过也。

◎**大意** 所以申不害说"享有天下而不能为所欲为，这叫作把天下变成约束自身的枷锁"，没有别的原因，是因为不能实行督察责罚，而只是劳苦自身为天下民众服务，像尧、禹那样，所以称之为"枷锁"。不能学会申不害、韩非子的高明法术，实行督察责罚的手段，专以天下为自己享乐服务，却白白劳苦身心，为百姓卖命，那就是百姓的奴仆，不是治理天下的人了，有什么值得尊贵的呢！使别人为自己效命，那么自己尊贵而别人低贱；使自己为别人效命，那么自己低贱而别人尊贵。所以为别人效命的人低贱，而别人所效命的人才尊贵，从古至今，没有不是这样的。自古以来尊重贤明的人，是因为他尊贵；厌恶无能的人，是因为他低贱。而尧、禹是用身心为天下效命的人，因循世俗而尊敬他们，那么就失去了尊重贤人的用意，可以说太荒谬了！说他们把天下作为"枷锁"，不也很恰当吗？这就是不能督察责罚的过错。

故韩子曰"慈母有败子而严家无格虏"者，何也？则能罚之加焉必也。故商君之法，刑弃灰于道者。夫弃灰，薄罪也，而被（披）刑，重罚也。彼唯明主为能深督轻罪。夫罪轻且督深，而况有重罪乎？故民不敢犯也。是故韩子曰"布帛寻常，庸人不释，铄金百溢（镒），盗跖不搏"者，非庸人之心重，寻常之利深，而盗跖之欲浅也；又不以盗跖之行，为轻百镒之重也。搏必随手刑，则盗跖不搏百镒；而罚不必行也，则庸人不释寻常。是故城高五丈，而楼季不轻犯也；泰山之高百仞，而跛牂牧其上。夫楼季也而难五丈之限，岂跛牂也而易百仞之高哉？峭堑之势异也。明主圣王之所以能久处尊位，长执重势，而独擅天下之利者，非有异道也，能独断而审督责，必深罚，故天下不敢犯也。今不务所以不犯，而事慈母之所以败子也，则亦不察于圣人之论矣。夫不能行圣人之术，则舍为天下役何事哉？可不哀邪！

◎**大意**　所以韩非子说"慈爱的母亲有败家的儿子，而严厉的主人没有强悍的奴仆"，这是为什么呢？是加重处罚过失的必然结果。所以商鞅的法令，对把灰倒在路上的要判刑。倒灰，轻罪，而判刑，是重罚。只有贤明的君主才能够严厉地督责轻微的罪过。罪过轻微尚且督责严厉，何况犯有重罪呢？所以民众不敢犯罪。因此韩非子说"对几尺绸布，一般人见到就不会放手；百镒熔化的金子，盗跖不会取走"，不是平常人的贪心重，几尺绸布的利益大，而盗跖的贪欲小，也不是因为盗跖行为高尚，轻视百镒黄金的重利。原因是一旦夺取，就要受刑，所以盗跖不敢夺取百镒黄金；若是不坚决施行刑罚的话，那么一般人也就不会放弃几尺绸布。因此五丈高的城墙，善于腾跃的勇士不敢轻易攀越，而几百丈高的泰山，跛脚的母羊却能爬上山顶。难道善于腾跃的勇士能够被五丈高的障碍阻拦，而跛脚的母羊却能轻易地爬上几百丈高的山顶吗？这是因为陡峭与平缓的状况不同。贤明的君主和神圣的帝王之所以能够长久居于尊贵的地位，长期掌握大权而独自垄断天下的利益，不

秦朝丞相**李斯** ◎

是有特别的办法，而是能够独断专行并严厉地督察和惩罚，所以天下人不敢犯法。如今不致力于让人不犯法，反而学习慈祥的母亲养出败家子，这就是没有弄清圣人的理论。不能够实行圣人的法术，那么除了为天下人服役外还能干什么呢？这难道不悲哀吗？

且夫俭节仁义之人立于朝，则荒肆之乐辍矣；谏说论理之臣间于侧，则流漫之志诎矣；烈士死节之行显于世，则淫康之虞（娱）废矣。故明主能外此三者，而独操主术以制听从之臣，而修其明法，故身尊而势重也。凡贤主者，必将能拂世磨俗，而废其所恶，立其所欲，故生则有尊重之势，死则有贤明之谥也。是以明君独断，故权不在臣也。然后能灭仁义之涂，掩驰说之口，困烈士之行，塞聪揜（掩）明，内独视听，故外不可倾以仁义烈士之行，而内不可夺以谏说忿争之辩。故能荦（luò）然独行恣睢之心而莫之敢逆。若此然后可谓能明申、韩之术，而修商君之法。法修术明而天下乱者，未之闻也。故曰"王道约而易操"也。唯明主为能行之。若此则谓督责之诚则臣无邪，臣无邪则天下安，天下安则主严尊，主严尊则督责必，督责必则所求得，所求得则国家富，国家富则君乐丰。故督责之术设，则所欲无不得矣。群臣百姓救过不给，何变之敢图？若此则帝道备，而可谓能明君臣之术矣。虽申、韩复生，不能加也。

◎**大意** 再说节俭仁义的人在朝中任职，随心所欲的享乐就要中止；劝说论理的臣子留在身边，放荡的心思就要受收敛；烈士为节操而死的行为推崇于社会，安逸享乐的思想就要放弃。所以贤明的君主能够排斥这三种人，而独自掌握统治之术以控制驯服的臣子，建立严明的法度，所以自身尊贵而权势盛大。凡是贤明的君主，一定能够抵制背弃世俗人情，废除他不喜欢的，扶植他想要的；所以生前就有尊贵的权势，死后就有贤明的谥号。正因为贤明的君主独断专行，所以大权不会被臣下掌握。然后才能斩断仁义之路，堵住游说之口，限制节烈人士的行为，闭塞耳朵并蒙上眼睛，一切视听全凭个人内心独断。所以外在行为不致被仁义节烈人士的举动所左右，内心意志也不会被规劝和谏诤的言辞所动摇；所以能够独自放开肆意纵乐的心志，而没有人敢反抗。像这样，就可以明了申不害、韩非子的法术，学会商鞅的法制。精通法制、明了权术，天下还会大乱，这样的事我还没听说过。所以说"帝王统治术简单而容易掌握"。只有贤明的君主能够奉行它。像这样，可以说认真实行了督察责罚而臣下没有邪念了。臣下没有邪念天下就安定，天下安定君主就有尊严，君主有尊严，督察责罚就会彻底，督察责罚彻底，君主的要求就能满足，君主的要求满足国家就会富裕，国家富裕君王的享受就会丰富多彩。所以实施了督察责罚的方法，那么一切想要的没有办不到的。群臣百姓，补救过错还来不及，怎么敢图谋造反！像这样，帝王统治之术完备，可以说能通晓君臣的法术了。即使申不害、韩非子再生，也不能超过。

书奏，二世悦。于是行督责益严，税民深者为明吏。二世曰："若此则可谓能督责矣。"刑者相半于道，而死人日成积于市。杀人众者为忠臣。二世曰："若此则可谓能督责矣。"

◎**大意** 李斯上书奏报，秦二世看了很高兴。于是实行督察责罚越来越严酷，向百姓征收重税的官吏被认为是贤明的官吏。秦二世说："像这样可以说是能够督察责罚了。"路上的行人中有一半是受过刑的，死人的尸体每天堆积在街市上，杀人多的被认为是忠臣。秦二世说："像这样可以说能够督察责罚了。"

初，赵高为郎中令，所杀及报私怨众多，恐大臣入朝奏事毁恶之，乃说二世曰："天子所以贵者，但以闻声，群臣莫得见其面，故号曰'朕'。且陛下富于春秋，未必尽通诸事，今坐朝廷，谴举有不当者，则见短于大臣，非所以示神明于天下也。且陛下深拱禁中，与臣及侍中习法者待事，事来有以揆之。如此则大臣不敢奏疑事，天下称圣主矣。"二世用其计，乃不坐朝廷见大臣，居禁中。赵高常侍中用事，事皆决于赵高。

◎**大意** 起初，赵高为郎中令，杀害的人以及因报私怨而陷害的人很多，害怕大臣入朝奏报事务时说他的坏话，就劝说秦二世："天子尊贵，是因为群臣只能听到他的声音，没有一个能见到他的面，所以号称'朕'。况且陛下年纪轻，不一定通晓所有事情，如今坐在朝廷上，责罚赏拔有不妥当的，就在大臣面前暴露了短处，那就不能向天下显示您的神圣与明智了。陛下深居宫中，与我和宫中懂法律的侍奉一起等待事务奏报，事务奏报来再权衡处理。这样，大臣就不敢奏报疑难的事，天下就称颂您为圣明君主了。"秦二世采用了他的建议，就不坐朝接见大臣，而是居住在宫中。赵高经常在宫中侍奉掌权，事务都决定于赵高。

秦朝丞相李斯

高闻李斯以为言，乃见丞相曰："关东群盗多，今上急益发繇（徭）治阿房宫，聚狗马无用之物。臣欲谏，为位贱。此真君侯之事，君何不谏？"李斯曰："固也，吾欲言之久矣。今时上不坐朝廷，上居深宫，吾有所言者，不可传也，欲见无闲。"赵高谓曰："君诚能谏，请为君候上闲语君。"于是赵高待二世方燕乐，妇女居前，使人告丞相："上方闲，可奏事。"丞相至宫门上谒，如此者三。二世怒曰："吾常多闲日，丞相不来。吾方燕私，丞相辄来请事。丞相岂少我哉？且固我哉？"赵高因曰："如此殆矣！夫沙丘之谋，丞相与焉。今陛下已立为帝，而丞相贵不益，此其意亦望裂地而王矣。且陛下不问臣，臣不敢言。丞相长男李由为三川守，楚盗陈胜等皆丞相傍县之子，以故楚盗公行，过三川，城守不肯击。高闻其文书相往来，未得其审，故未敢以闻。且丞相居外，权重于陛下。"二世以为然。欲案丞相，恐其不审，乃使人案验三川守与盗通状。李斯闻之。

◎ **大意** 赵高听说李斯进言，就去见丞相说："关东地区成群的盗贼很多，如今皇上却加紧增派劳役去修建阿房宫，搜集狗马之类的无用玩物。我想劝谏，只因为地位低贱，这实在是属于您的事，您为什么不劝谏？"李斯说："确实是啊，我想说已经很久了！如今皇上不坐在朝廷，而居住在深宫，我有要说的话，但不能传达进去，想要见又没有机会。"赵高对他说："您果真能劝谏，请让我趁皇上有空时告诉您。"于是赵高就等秦二世正在闲暇取乐，美女在面前时，派人去告诉丞相："皇上正有时间，可以奏报事务。"丞相到宫门求见，这样一连三次。秦二世发怒说："我平常空闲的日子很多，丞相不来，我正要私宴娱乐，丞相就来请求奏报事务。丞相难道瞧不起我？还是故意为难我？"赵高趁机说："这样就危险了！沙丘的阴谋，丞相参与了。如今陛下已立为皇帝，而丞相的尊贵没有增加，他的意思是想割地封王了。而且陛下不问我，我不敢说。丞相的长子李由担任三川郡守，楚地盗贼陈胜等人都是丞相邻县的子弟，因此楚地盗贼横行，经过三川郡时，李由只是防守而不肯出击。我听说他们有文书往来，没能核实，所以不敢来报告。而且丞相居住在宫外，权势重于陛下。"秦二世认为赵高说得对。他想给丞相治罪，又担心所了解的情况不实，就派人去调查三川郡守与盗贼勾结的情况。李斯知道了这个消息。

是时二世在甘泉，方作觳（角）抵优俳（pái）之观。李斯不得见，因上书言赵高之短曰："臣闻之，臣疑（拟）其君，无不危国；妾疑（拟）其夫，无不危家。今有大臣于陛下擅利擅害，与陛下无异，此甚不便。昔者司城子罕相宋，身行刑罚，以威行之，期（jī）年遂劫其君。田常为简公臣，爵列无敌于国，私家之富与公家均，布惠施德，下得百姓，上得群臣，阴取齐国，杀宰予于庭，即弑简公于朝，遂有齐国。此天下所明知也。今高有邪佚之志，危反之行，如子罕相宋也；私家之富，若田氏之于齐也。兼行田常、子罕之逆道而劫陛下之威信，其志若韩玘为韩安相也。陛下不图，臣恐其为变也。"二世曰："何哉？夫高，故宦人也，然不为安肆志，不以危易心，洁行修善，自使至此，以忠得进，以信守位，朕实贤之，而君疑之，何也？且朕少失先人，无所识知，不习治民，而君又老，恐与天下绝矣。朕非属（嘱）赵君，当谁任哉？且赵君为人精廉强力，下知人情，上能适朕，君其勿疑。"李斯曰："不然。夫高，故贱人也，无识于理，贪欲无厌，求利不止，列势次主，求欲无穷，臣故曰殆。"二世已前信赵高，恐李斯杀之，乃私告赵高。高曰："丞相所患者独高，高已死，丞相即欲为田常所为。"于是二世曰："其以李斯属郎中令！"

◎**大意** 这时候，秦二世在甘泉宫，正在观看摔跤和滑稽戏表演。李斯不能见到他，就上书说赵高的过错道："我听说，臣下与国君势均力敌，没有不危害国家的；妾与丈夫平起平坐，没有不危害家庭的。如今有的大臣独揽陛下的赏罚大权，跟陛下没有差别，这非常不利。从前司城子罕在宋国任宰相，亲自执行刑罚，用威权行事，一年后就劫持了他的国君。田常作为简公的臣子，爵位在国内没有人比得上，私家的财富与公家相等，广泛施行恩泽，下得到百姓的拥护，上得到群臣的信任，于是暗中夺取了齐国政权，在庭院杀死宰予，又在朝廷杀死简公，最终掌握了齐国。这是天下人都清楚的。如今赵高有邪恶的意图，危害和反叛的行为，犹如子罕为宋国的丞相；私家的富有，犹如田氏在齐国；他兼行田常、子罕的叛逆手段，窃夺陛下的威信，他的志向犹如韩玘担任韩王安的丞相一样。陛下不想办法对付他，我担心他会叛乱。"秦二世说："为什么呢？赵高，本是宦官，但他不因为处于顺境而为所欲为，不因为处境危险就改变初心，廉洁向善，自己努力才到达今天的地位，他以忠心被提拔，以信实守住职位，我确实认为他贤良，而您怀疑他，为什么？况且我年少时又失去了父亲，没有什么见识，不懂得治理民众，而您又老了，恐怕要和天下人隔绝了。我不依靠赵高，将任用谁呢？况且赵高精明廉洁强壮有力，下能知道民情，上能适合我的心意，请您不要怀疑了！"李斯说："不对。赵高，本是低贱的人，不懂得治理国家，贪婪的欲望不能满足，谋求利益不肯停止，地位权势仅次于君主，欲望无穷，所以我说危险。"秦二世早已信任赵高，恐怕李斯杀掉他，就私下告诉了赵高。赵高说："丞相所害怕的只有我，我一死，丞相就想干田常所做的事。"于是秦二世说："那就把李斯交给郎中令。"

赵高案治李斯。李斯拘执束缚，居囹圄（líng yǔ）中，仰天而叹曰："嗟乎，悲夫！不道之君，何可为计哉！昔者桀杀关龙逢，纣杀王子比干，吴王夫差杀伍子胥。此三臣者，岂不忠哉，然而不免于死，身死而所忠者非也。今吾智不及三子，而二世之无道过于桀、纣、夫差，吾以忠死，宜矣。且二世之治岂不乱哉！日者夷其兄弟而自立也，杀忠臣而贵贱人，作为阿房之宫，赋敛天下。吾非不谏也，而不吾听也。凡古圣王，饮食有节，车器有数，宫室有度，出令造事，加费而无益于民利者禁，故能长久治安。今行逆于昆弟，不顾其咎；侵杀忠臣，不思其殃；大为宫室，厚赋天下，不爱其费：三者已行，天下不听。今反者已有天下之半矣，而心尚未寤（悟）也，而以赵高为佐，吾必见寇至咸阳，麋鹿游于朝也。"

◎ **大意** 赵高负责查办李斯。李斯被抓起来并套上刑具，关在监狱中，仰面朝天叹息说："唉！可悲啊！无道的昏君，怎么可以为他出谋划策呢！从前夏桀杀死关龙逢，商纣杀死王子比干，吴王夫差杀死伍子胥。这三个臣子，难道不忠吗，然而没能免于死亡，他们虽然尽忠而死，只可惜忠非其人。如今我的智谋比不上这三个人，而二世的无道又超过了桀、纣、夫差，我因尽忠而死，是必然的。况且秦二世治国，难道不乱吗！不久前杀死了兄弟而自立为皇帝，杀害忠臣而使贱人尊贵，修建阿房宫，向天下横征暴敛。我不是不劝谏，他不听我的话。凡是古代圣明的帝王，饮食有节制，车马器物有定数，宫殿有限度，颁布命令和办事情，增加费用而不利于百姓的一律禁止，所以能长治久安。如今秦二世叛逆于兄弟，不考虑灾祸；杀害忠臣，不想到后患；大规模建造宫室，加重天下赋税负担，不爱惜钱财。这三件事已经做了，天下人不会服从他。如今造反的已占天下的一半了，而他心里还不醒悟，反而让赵高辅佐，我肯定会看到盗贼进入咸阳，麋鹿在朝廷上嬉游了。"

于是二世乃使高案丞相狱，治罪，责斯与子由谋反状，皆收捕宗族宾客。赵高治斯，榜掠千余，不胜痛，自诬服。斯所以不死者，自负其辩，有功，实无反心，幸得上书自陈，幸二世之寤（悟）而赦之。李斯乃从狱中上书曰："臣为丞相，治民三十余年矣。逮秦地之陕（狭）隘。先王之时秦地不过千里，兵数十万。臣尽薄材，谨奉法令，阴行谋臣，资之金玉，使游说诸侯，阴修甲兵，饰政教，官斗士，尊功臣，盛其爵禄，故终以胁韩弱魏，破燕、赵，夷齐、楚，卒兼六国，虏其王，立秦为天子。罪一矣。地非不广，又北逐胡、貉（貊），南定百越，以见秦之强。罪二矣。尊大臣，盛其爵位，以固其亲。罪三矣。立社稷，修宗庙，以明主之贤。罪四矣。更刻（kè）画，平斗斛（hú）度量，文章布之天下，以树秦之名。罪五矣。治驰道，兴游观，以见主之得意。罪六矣。缓刑罚，薄赋敛，以遂主得众之心，万民戴主，死而不忘。罪七矣。若斯之为臣者，罪足以死固久矣。上幸尽其能力，乃得至今，愿陛下察之！"书上，赵高使吏弃去不奏，曰："囚安得上书！"

◎ **大意** 这时秦二世就派赵高审理丞相的案件，定罪名，责问李斯和儿子李由谋反的情状，将其宾客、家族全部逮捕。赵高审讯李斯，拷打了一千多下，李斯受不了痛苦，自己冤屈地认罪。李斯之所以不肯自杀，是自以为善辩，有功劳，确实没有反叛之心，希望有机会上书陈述自己的冤屈，侥幸秦二世醒悟而赦免他。李斯就从监狱中上书说："我担任丞相，治理民众三十多年了。我曾赶上秦国土地狭小的时代。先王的时期，秦国土地不超过千里，士兵几十万。我尽微薄的才能，谨慎地奉行法令，暗中派遣智谋之士，给他们金银财宝，让他们去游说诸侯，暗中整顿武器装备，整治政教，提拔勇敢善战的人做官，尊敬功臣，增加他们的爵位俸禄，所以最终能够胁迫韩国、削弱魏国，攻破燕国、赵国，消灭齐国、楚国，终于吞并六国，俘虏他们的国王，立秦王为天子。这是第一条罪状。秦国土地并非不广阔，还要在北方驱逐胡人、貊人，在南方平定百越，以显示秦国的强大。这是第二条罪状。尊重大臣，增加他们的爵位俸禄，以加强他们同秦王的亲密关系。这是第三条罪状。建立社稷，修建宗庙，以彰明君主的贤德。这是第四条罪状。改变礼器制度的装饰，统一度量衡和文字，颁布天下，以树立秦朝的威名。这是第五条罪状。修筑驰道，兴建亭台楼阁，以显示君主志得意满。这是第六条罪状。减轻刑罚，减少税收，以实现君主获得民心的愿望，使万民拥戴皇帝，至死不能忘怀。这是第七条

秦朝丞相李斯

罪状。像我这样做臣子的，罪过之大早就应该被处死了。幸亏皇上允许我尽我所能，才活到今天。希望陛下明察。"书呈上，赵高让狱吏丢弃而不上报，说："囚犯怎能上书！"

赵高使其客十余辈诈为御史、谒者、侍中，更往覆讯斯。斯更以其实对，辄使人复榜之。后二世使人验斯，斯以为如前，终不敢更言，辞服。奏当上，二世喜曰："微赵君，几为丞相所卖。"及二世所使案三川之守至，则项梁已击杀之。使者来，会丞相下吏，赵高皆妄为反辞。

◎**大意** 赵高指使十多名宾客假扮成御史、谒者、侍中，轮流去审问李斯。李斯推翻了自己禁不住拷打写下的不实之词，而以实情陈述，赵高就让人再拷打他。以后秦二世派人去验证李斯的供词，李斯以为与以前一样，终于不再推翻屈打成招的供词，承认了罪状。赵高向皇上呈送判决书，秦二世高兴地说："没有赵君，我几乎被丞相出卖了。"等到秦二世派去调查李由的使者到了三川郡，项梁已经杀死了李由。使者回来，正好李斯已交狱吏看守，赵高编造李斯父子谋反的言辞。

二世二年七月，具斯五刑，论腰斩咸阳市。斯出狱，与其中子俱执，顾谓其中子曰："吾欲与若复牵黄犬俱出上蔡东门逐狡兔，岂可得乎！"遂父子相哭，而夷三族。

◎**大意** 二世二年七月，李斯备受五刑之苦，判处在咸阳街市上腰斩。李斯被带出监狱，与他的次子一同被押解，他回头对次子说："我想和你再牵着黄狗一同出上蔡东门去追逐狡兔，还能办得到吗？"于是父子二人相对痛哭，李斯三族的人都被处死。

李斯已死，二世拜赵高为中丞相，事无大小辄决于高。高自知权重，乃献鹿，谓之马。二世问左右："此乃鹿也？"左右皆曰"马也"。二世惊，自以为惑，乃召太卜，令卦之，太卜曰："陛下春秋郊祀，奉宗庙鬼神，斋戒不明，故至于此。可依盛德而明斋戒。"于是乃入上林斋戒。日游弋猎，有行人入上林中，二世自射杀之。赵高教其女婿咸阳令阎乐劾不知何人贼杀人移上林。高乃谏二世曰："天子无故贼杀不辜人，此上帝之禁也，鬼神不享，天且降殃，当远避宫以禳（ráng）之。"二世乃出居望夷之宫。

◎**大意**　李斯死后，秦二世任命赵高为中丞相，无论大事小事都由赵高决定。赵高自知权势太重，就献上一只鹿，说它是马。秦二世问左右的人说："这是鹿吧？"左右都说："是马。"秦二世惊讶，自以为神经错乱，就召见太卜，命他算上一卦。太卜说："陛下春秋季节举行郊外祭祀，供奉宗庙鬼神，斋戒不虔诚，所以到这种地步。可以按照圣明君主的做法虔诚地斋戒。"于是秦二世就到上林苑中去斋戒。秦二世每天游玩打猎，有个行人走进上林苑，秦二世亲手射杀了他。赵高指使他的女婿咸阳令阎乐出面弹劾不知谁杀死了人，将尸体移入上林苑。赵高就劝谏秦二世说："天子无故杀害无罪的人，这是上帝所不允许的，鬼神不接受供祭，上天将会降下灾祸，应该远行离开皇宫祈祷消灾。"二世就出外居住到望夷宫。

留三日，赵高诈诏卫士，令士皆素服持兵内乡（向），入告二世曰："山东群盗兵大至！"二世上观而见之，恐惧，高即因劫令自杀。引玺而佩之，左右百官莫从；上殿，殿欲坏者三。高自知天弗与，群臣弗许，乃召始皇弟，授之玺。

◎**大意**　秦二世在望夷宫住了三天，赵高伪造诏令调来卫士，命令卫士都穿着白色的衣服拿着兵器朝宫内冲，又进去告诉秦二世说："崤山以东各路强盗的大批军队到了！"秦二世上楼台看到他们，感到害怕，赵高趁机胁迫他自杀。然后赵高取过玉玺带在身上，左右百官都不随从他；他上殿，殿堂几次像要倒塌。赵高自知上天不允许，群臣不答应，就召来秦始皇的弟弟，把玉玺交给了他。

子婴即位，患之，乃称疾不听事，与宦者韩谈及其子谋杀高。高上谒，请病，因召入，令韩谈刺杀之，夷其三族。

◎**大意**　子婴继位后，担心赵高（害他），就假称有病不理政事，与宦官韩谈和他的儿子谋杀赵高。赵高前来求见，询问病情，子婴趁机召他入宫，命令韩谈刺杀了他，诛灭了他的三族。

子婴立三月，沛公兵从武关入，至咸阳，群臣百官皆畔（叛），不適（敌）。子婴与妻子自系其颈以组，降轵道旁。沛公因以属（嘱）吏。项王至而斩之。遂以亡天下。

◎ **大意** 子婴继位三个月，沛公的军队就从武关打了进来，到达咸阳，群臣全部背叛，不做抵抗。子婴和妻子儿女都用丝带系在自己脖子上，到轵道亭旁去请求投降。沛公把他们交给管刑狱的官吏。项羽到达后将他们杀了。秦朝就这样失去了天下。

太史公曰：李斯以闾阎历诸侯，入事秦，因以瑕衅，以辅始皇，卒成帝业，斯为三公，可谓尊用矣。斯知六艺之归，不务明政以补主上之缺，持爵禄之重，阿顺苟合，严威酷刑，听高邪说，废适（嫡）立庶。诸侯已畔（叛），斯乃欲谏争，不亦末乎！人皆以斯极忠而被五刑死，察其本，乃与俗议之异。不然，斯之功且与周、召列矣。

◎ **大意** 太史公说：李斯作为平民游历诸侯国，入关侍奉秦朝，利用可乘之机，来辅佐秦始皇，最终成就帝王大业，李斯位居三公，可以说得到重用了。李斯懂得六艺的要旨，却不力求修明政治以弥补主上的过失，把爵位和俸禄看得太重，阿谀奉承，严威酷刑，听从赵高的邪说，废除秦始皇嫡子而立其庶子。诸侯已经反叛，李斯才想直言劝谏，这不是太晚了吗！人们都认为李斯极为忠诚反而受五刑而死，但考察他的根源，就会和世俗的看法不同。如果不是这样，李斯的功劳就要与周公、召公并列了。

兵仙韩信

选自《淮阴侯列传》

  淮阴侯韩信者，淮阴人也。始为布衣时，贫无行，不得推择为吏，又不能治生商贾，常从人寄食饮，人多厌之者。常数从其下乡南昌亭长寄食，数月，亭长妻患之，乃晨炊蓐（rù）食。食时信往，不为具食。信亦知其意，怒，竟绝去。

◎**大意** 淮阴侯韩信，是淮阴人。他当初为平民时，贫穷，没有好品行，不能被推选为吏，又不能以买卖谋生，经常寄居在别人家吃喝，人们大多讨厌他。他曾经多次去下乡南昌亭长家蹭饭吃，几个月后，亭长的妻子嫌恶他，就清早烧饭，端到床上吃掉。开饭时韩信前往，没有给他准备饭食。韩信也知道他们的意思，很生气，最终离去不再回来。

兵仙韩信

信钓于城下，诸母漂，有一母见信饥，饭信，竟漂数十日。信喜，谓漂母曰："吾必有以重报母。"母怒曰："大丈夫不能自食，吾哀王孙而进食，岂望报乎！"

◎**大意** 韩信在城下钓鱼，几位老大娘在漂洗棉絮，有位老大娘看到韩信饥饿，就送饭给韩信吃，直到几十天后漂洗的活儿做完。韩信高兴，对漂洗的老大娘说："我一定重重地回报您。"老大娘生气地说："男子汉不能养活自己，我是可怜你才给你饭吃，难道指望你报答吗！"

淮阴屠中少年有侮信者，曰："若虽长大，好带刀剑，中情怯耳。"众辱之曰："信能死，刺我；不能死，出我袴（胯）下。"于是信孰（熟）视之，俛（俯）出袴（胯）下，蒲（匍）伏（匐）。一市人皆笑信，以为怯。

◎**大意** 淮阴屠夫中有个年轻人侮辱韩信，说："你虽然又高又大，喜欢带刀佩剑，内心却很胆怯。"当众侮辱他说："韩信敢拼死，就用刀刺我；不敢拼死，就从我裤裆下爬过去。"这时韩信注视他好久，俯下身来，从他裤裆下爬过去了。满街的人都讥笑韩信，认为他胆小。

及项梁渡淮，信杖剑从之，居戏（麾）下，无所知名。项梁败，又属项羽，羽以为郎中。数以策干项羽，羽不用。汉王之入蜀，信亡楚归汉，未得知名，为连敖。坐法当斩，其辈十三人皆已斩，次至信，信乃仰视，适见滕公，曰："上不欲就天下乎？何为斩壮士！"滕公奇其言，壮其貌，释而不斩。与语，大说（悦）之。言于上，上拜以为治粟都尉，上未之奇也。

◎**大意** 等到项梁渡过淮河，韩信提着宝剑跟从他，在其部下，没有名声。项梁战败，韩信又隶属项羽，项羽任用他为郎中。他多次向项羽献策以求重用，但项羽没有采纳。汉王进入蜀郡时，韩信从楚军逃跑归附汉王，没有出名，当了一名管理仓库的小官。后来犯了法判处斩刑，同案的十三人都已被斩首，轮到韩信，他抬头仰视，正好看见滕公，说："汉王不是想成就天下大业吗？为什么要斩杀壮士！"滕公对他的话感到惊奇，又见他相貌威武，就释放了他。滕公跟他交谈，十分高兴。于是滕公将韩信介绍给汉王，汉王任命他为治粟都尉，不认为他是个奇才。

信数与萧何语，何奇之。至南郑，诸将行道亡者数十人，信度何等已数言上，上不我用，即亡。何闻信亡，不及以闻，自追之。人有言上曰："丞相何亡。"上大怒，如失左右手。居一二日，何来谒上，上且怒且喜，骂何曰："若亡，何也？"何曰："臣不敢亡也，臣追亡者。"上曰："若所追者谁？"何曰："韩信也。"上复骂曰："诸将亡者以十数，公无所追；追信，诈也。"何曰："诸将易得耳。至如信者，国士无双。王必欲长王汉中，无所事信；必欲争天下，非信无所与计事者。顾王策安所决耳。"王曰："吾亦欲东耳，安能郁郁久居此乎？"何曰："王计必欲东，能用信，信即留；不能用，信终亡耳。"王曰："吾为公以为将。"何曰："虽为将，信必不留。"王曰："以为大将。"何曰："幸甚。"于是王欲召信拜之。何曰："王素慢无礼，今拜大将如呼小儿耳，此乃信所以去也。王必欲拜之，择良日，斋戒，设坛场，具礼，乃可耳。"王许之。诸将皆喜，人人各自以为得大将。至拜大将，乃韩信也，一军皆惊。

◎ **大意** 韩信多次与萧何谈话，萧何器重他。到了南郑，将领在半路上逃跑的有几十人，韩信料想萧何他们已经在汉王面前多次保荐过他了，可是汉王一直不重用自己，也逃跑了。萧何听说韩信逃跑，来不及报告，就去追他。有人对汉王说："丞相萧何逃跑了。"汉王大怒，好像失去了左右手。过了一两天，萧何来进见汉王，汉王既生气又高兴，骂萧何说："你为什么逃跑？"萧何说："我不敢逃跑，我追赶逃跑的人。"汉王说："你所追的是谁？"萧何说："韩信。"汉王又骂道："将领逃跑的有好几十个，您没有去追；追韩信，这是撒谎。"萧何说："这些将领容易得到。至于像韩信这样的，一国之中没有第二个。大王如果想长期在汉中称王，不需要任用韩信；如果大王一定要争夺天下，除了韩信没有人能和您商量大事。只看大王如何决策罢了。"汉王说："我也想向东挺进，怎么能郁郁不乐地长久居住在这里呢？"萧何说："大王如果决计打回东方，能任用韩信，韩信就能留下；不能用，韩信终究要逃跑。"汉王说："我看您的面子用他为将领。"萧何说："即使做了将军，韩信肯定也留不住。"汉王说："任命他做大将。"萧何说："太好了。"于是汉王想要召见韩信来任命他。萧何说："大王一向傲慢无礼，如今任命大将就像招呼小孩子一样，这就是韩信要离去的原因。大王若想任命他，要选择好日子，斋戒，设置高坛，举行完备的仪式，这样才可以啊。"汉王同意了他的意见。将领们都很高兴，人人都以为自己要做大将。等到任命大将的时候，才知道是韩信，全军都感到惊奇。

信拜礼毕，上坐。王曰："丞相数言将军，将军何以教寡人计策？"信谢，因问王曰："今东乡（向）争权天下，岂非项王邪？"汉王曰："然。"曰："大王自料勇悍仁强孰与项王？"汉王默然良久，曰："不如也。"信再拜贺曰："惟信亦为大王不如也。然臣尝事之，请言项王之为人也。项王喑噁（yīn wù）叱咤，千人皆废，然不能任属贤将，此特匹夫之勇耳。项王见人恭敬慈爱，言语呕呕（xū），人有疾病，涕泣分食饮，至使人有功当封爵者，印刓（玩）敝，忍不能予，此所谓妇人之仁也。项王虽霸天下而臣诸侯，不居关中而都彭城。有背义帝之约，而以亲爱王，诸侯不平。诸侯之见项王迁逐义帝置江南，亦皆归逐其主而自王善地。项王所过无不残灭者，天下多怨，百姓不亲附，特劫于威强耳。名虽为霸，实失天下心。故曰其强易弱。今大王诚能反其道：任天下武勇，何所不诛！以天下城邑封功臣，何所不服！以义兵从思东归之士，何所不散！且三秦王为秦将，将秦子弟数岁矣，所杀亡不可胜计，又欺其众降诸侯，至新安，项王诈坑秦降卒二十余万，唯独邯、欣、翳得脱，秦父兄怨此三人，痛入骨髓。今楚强以威王此三人，秦民莫爱也。大王之入武关，秋豪（毫）无所害，除秦苛法，与秦民约，法三章耳，秦民无不欲得大王王秦者。于诸侯之约，大王当王关中，关中民咸知之。大王失职入汉中，秦民无不恨者。今大王举而东，三秦可传檄（xí）而定也。"于是汉王大喜，自以为得信晚。遂听信计，部署诸将所击。

◎ **大意** 任命韩信的仪式完毕，汉王就座。汉王说："丞相多次称道将军，将军有什么样的计策来指教我呢？"韩信谦让，趁势问汉王："如今向东去争天下大权，难道敌人不是项王吗？"汉王说："对。"韩信说："大王自己估计在勇敢、强悍、仁厚、兵力方面，和项王比起来怎么样呢？"汉王沉默了好久，说："比不上。"韩信拜了两拜赞许地说："我也认为大王比不上。然而我曾经侍奉过项王，请让我说说他的为人。项王厉声怒喝，上千人都瘫软，然而不能放手任用贤能的将领，这只是没有智谋的血气之勇罢了。项王待人恭敬慈爱，言语温和在。有人生病，他流着眼泪把饮食分给他；但有人立下战功应当分给爵位时，他把官印拿在手里弄来弄去，官印都磨得光滑了，还舍不得给立功之人。这就是所说的妇人的仁慈了。项王虽然称霸天下而使诸侯臣服了，但他不居住在关中，却建都彭城。又背弃与义帝的约定，把自己宠信和喜爱的人分封为王，因此诸侯不服。诸侯看到项王把义帝迁移到江南僻远的地方，也都回去驱逐自己的国君，占据了好的地方自立为王。项王所到之处没有不残害毁灭的，天下的人多有怨恨，百姓不愿亲近归附他，只是迫于他的威势罢了。项王名义上虽是霸主，但实际上失去了天下人的心。所以说他的强盛容易衰弱。如今大王果真能采用与他相反的办法：任用天下英武的勇士，有什么敌人不能诛灭！将天下的城邑分封给有功之臣，有什么人不服从！用正义激励士兵并顺从将士东归的心愿，有什么敌人不能打败！况且被项羽封立在关中的章邯、司马欣和董翳这三个诸侯王，都曾是秦朝的将领，率领秦地的子弟兵几年了，被杀死和逃跑的多到没法计算，又欺骗他们的部下向诸侯投降，到达新安，项王用欺诈的手段活埋了秦军二十多万投降的士兵，只有章邯、司马欣、董翳得以脱身，秦地的父老兄弟对这三个人恨入骨髓。如今楚王强行凭威势让这三个人为王，秦地的百姓没有人爱戴他们。大王进入武关时，秋毫无犯，去除秦朝苛暴的法令，向秦地百姓许诺，法令只有三条罢了，秦地百姓没有一个不想要大王在秦地称王的。按照与诸侯的约定，大王应当在关中做王，关中的百姓都知道这件事。大王失掉封爵进入汉中，秦地百姓没有不遗憾的。如今大王举兵向东，只要一道文书三秦封地就可以平定了。"于是汉王十分高兴，自认为得到韩信迟了。就听从韩信的计策，部署各将领所攻击的目标。

八月，汉王举兵东出陈仓，定三秦。汉二年，出关，收魏、河南，韩、殷王皆降。合齐、赵共击楚。四月，至彭城，汉兵败散而还。信复收兵与汉王会荥阳，复击破楚京、索之间，以故楚兵卒不能西。

◎**大意** 八月，汉王调发军队向东出陈仓，平定三秦。汉二年，出函谷关，收复魏、河南，韩王、殷王都来投降。会合齐国、赵国共同攻击楚军。四月，到达彭城，汉军战败溃散而回。韩信又收集兵士与汉王在荥阳相会，再次在京县、索城之间打败楚军，因此楚军始终不能西进。

汉之败却彭城，塞王欣、翟王翳亡汉降楚，齐、赵亦反汉与楚和。六月，魏王豹谒归视亲疾，至国，即绝河关反汉，与楚约和。汉王使郦生说豹，不下。其八月，以信为左丞相，击魏。魏王盛兵蒲坂，塞临晋，信乃益为疑兵，陈船欲度临晋，而伏兵从夏阳以木罂缻（yīng fǒu）渡军，袭安邑。魏王豹惊，引兵迎信，信遂虏豹，定魏为河东郡。汉王遣张耳与信俱，引兵东北击赵、代。后九月，破代兵，禽（擒）夏说阏与。信之下魏破代，汉辄使人收其精兵，诣荥阳以距（拒）楚。

◎**大意** 汉军在彭城失败退却，塞王司马欣、翟王董翳从汉军中逃跑投降楚军，齐国、赵国也背叛汉王跟楚国和好。六月，魏王魏豹请假回家探视母亲的病，到了封国，就封锁了河关反叛汉王，与楚军订约交好。汉王派郦生游说魏豹，没有成功。这年八月，任命韩信为左丞相，征讨魏国。魏王魏豹在蒲坂布置重兵，封锁临晋，韩信就增设疑兵，陈设船只表示想在临晋渡河，而埋伏的士兵从夏阳用木盆渡河，袭击安邑。魏王魏豹惊慌，领兵来迎战韩信，于是韩信俘虏了魏王魏豹，平定了魏地，改为河东郡。汉王派张耳和韩信一起，领兵向东挺进，向北攻打赵国、代国。闰九月，打败代国军队，在阏与擒获代国丞相夏说。韩信攻克魏国、摧毁代国后，汉王就立刻派人调走韩信的精锐部队，开往荥阳抵御楚军。

信与张耳以兵数万，欲东下井陉击赵。赵王、成安君陈馀闻汉且袭之也，聚兵井陉口，号称二十万。广武君李左车说成安君曰："闻汉将韩信涉西河，虏魏王，禽（擒）夏说，新喋血阏与，今乃辅以张耳，议欲下赵，此乘胜而去国远斗，其锋不可当。臣闻千里馈粮，士有饥色，樵苏后爨（cuàn），师不宿饱。今井陉之道，车不得方轨，骑不得成列，行数百里，其势粮食必在其后。愿足下假臣奇兵三万人，从间道绝其辎重；足下深沟高垒，坚营勿与战。彼前不得斗，退不得还，吾奇兵绝其后，使野无所掠，不至十日，而两将之头可致于戏（麾）下。愿君留意臣之计。否，必为二子所禽（擒）矣。"成安君，儒者也，常称义兵不用诈谋奇计，曰："吾闻兵法十则围之，倍则战。今韩信兵号数万，其实不过数千。能千里而袭我，亦已罢（疲）极。今如此避而不击，后有大者，何以加之！则诸侯谓吾怯，而轻来伐我。"不听广武君策，广武君策不用。

◎**大意** 韩信和张耳率领几万士兵，想向东攻占井陉以攻打赵国。赵王、成安君陈馀听说汉军将要袭击他们，在井陉聚集军队，号称二十万大军。广武君李左车劝说成安君："听说汉将韩信渡过西河，俘虏魏豹，生擒夏说，刚刚使阏与血流遍地，如今又以张耳为辅佐，商议打下赵国，这是乘胜利的锐气离开本国远征，其锋芒不可阻挡。我听说千里运送粮饷，士兵就会面带饥色，就地砍柴然后烧饭，军队就不可能经常吃饱。眼下井陉这条道路，两辆战车不能并行，骑兵不能排成行列，行进的军队迤逦数百里，运粮草食物的队伍势必远远地落到后边，希望您临时拨给我三万奇兵，从隐蔽的小路拦截他们的粮草，您就深挖战壕，高筑营垒，使营盘变得坚固，不与之交战。他们向前无法打仗，向后无法撤兵，我的偷袭部队断绝他们的后路，使他们在野外抢掠不到东西，不出十天，这两位将领的头颅就可以送到指挥帐前。希望您考虑我的计策。否则，肯定要被这两个小子俘虏了。"成安君陈馀，一介书生，经常说正义的军队不用阴谋诡计，于是他说："我听兵法说超过敌人十倍的兵力就围攻它，超过一倍的兵力就可以交战。如今韩信士兵号称几万，其实不过几千，敢行千里来袭击我们，也已经极其疲惫了。如今这样退避而不迎击，以后有强大的敌人，怎么对付呢！诸侯会认为我们胆小，就会轻易地来攻打我们。"陈馀不听从广武君所说的计策，广武君的计策未被采用。

韩信使人间视，知其不用，还报，则大喜，乃敢引兵遂下。未至井陉口三十里，止舍。夜半传发，选轻骑二千人，人持一赤帜，从间道草（蔽）山而望赵军，诫曰："赵见我走，必空壁逐我，若疾入赵壁，拔赵帜，立汉赤帜。"令其裨将传飧（sūn），曰："今日破赵会食！"诸将皆莫信，详（佯）应曰："诺。"谓军吏曰："赵已先据便地为壁，且彼未见吾大将旗鼓，未肯击前行，恐吾至阻险而还。"信乃使万人先行，出，背水陈（阵）。赵军望见而大笑。平旦，信建大将之旗鼓，鼓行出井陉口，赵开壁击之，大战良久。于是信、张耳详（佯）弃鼓旗，走水上军。水上军开入之，复疾战。赵果空壁争汉鼓旗，逐韩信、张耳。韩信、张耳已入水上军，军皆殊死战，不可败。信所出奇兵二千骑，共候赵空壁逐利，则驰入赵壁，皆拔赵旗，立汉赤帜二千。赵军已不胜，不能得信等，欲还归壁，壁皆汉赤帜，而大惊，以为汉皆已得赵王将矣，兵遂乱，遁走，赵将虽斩之，不能禁也。于是汉兵夹击，大破虏赵军，斩成安君泜水上，禽（擒）赵王歇。

◎**大意** 韩信派人暗中打探，知道广武君的计策没有被采用，探子回来报告，韩信大喜，才敢领兵直接前进。在距井陉口三十里处，驻军宿营。半夜军队传令出发，挑选轻装骑兵两千人，每人拿一面红旗，从小路上山隐蔽起来观察赵军，韩信告诫说："赵军看见我军退走，一定会倾巢出动追击我军，你们火速进入赵军的营垒，拔掉赵军的旗帜，竖起汉军的红旗。"又让副将传达开饭的命令，说："今天打垮赵军之后再正式会餐。"将领们都不相信，假装答应说："是。"韩信对军吏说："赵军已先占据了有利地形扎下营垒，而且他们在没有看见我们大将的仪仗旗号之前，（是）不肯出来攻打先头部队的，怕我们到了险要的地方回头。"韩信就派一万人在前，出了防区，背靠河水排开阵势。赵军看到了因而大笑。天刚蒙蒙亮，韩信打起大将的旗帜和仪仗，敲着鼓出了井陉口，赵军打开营垒攻击汉军，激战了很长时间。这时韩信、张耳假装丢弃旗鼓，退往河边的军营。河边的军营打开营门放他们进去，又进行激战。赵军果然倾巢而出争夺汉军的旗鼓，追逐韩信、张耳。韩信、张耳已经进入河边军营，部队都拼死战斗，赵军无法打败他们。韩信所派出的两千奇兵，都在等候赵军倾巢出动追夺战利品，于是飞快地进入赵军营垒，把赵军的旗帜全部拔掉，竖立起两千面汉军红旗。赵军已不能取胜，又不能俘获韩信等，想回军营，看见军营都是汉军的红旗，因而十分惊慌，以为汉军把赵王的将领都俘虏了，士兵就慌乱逃跑，赵将虽然斩杀逃兵，但不能禁止。这时汉兵前后夹击，彻底摧垮了赵军，在泜水旁杀死了成安君陈馀，俘虏了赵王歇。

信乃令军中毋杀广武君，有能生得者购千金。于是有缚广武君而致戏（麾）下者，信乃解其缚，东乡（向）坐，西乡（向）对，师事之。

◎**大意** 韩信就下令军中不要杀害广武君李左车，有能活捉他的赏一千金。于是有人捆着广武君李左车到指挥帐前，韩信就解下他的绑绳，请他面朝东坐下，自己面向西对坐，像对待老师一样对待他。

诸将效首虏，毕贺，因问信曰："兵法右倍（背）山陵，前左水泽，今者将军令臣等反背水陈（阵），曰破赵会食，臣等不服。然竟以胜，此何术也？"信曰："此在兵法，顾诸君不察耳。兵法不曰'陷之死地而后生，置之亡地而后存'？且信非得素拊（fǔ）循士大夫也，此所谓'驱市人而战之'，其势非置之死地，使人人自为战；今予之生地，皆走，宁尚可得而用之乎！"诸将皆服曰：

"善。非臣所及也。"

◎ **大意**　各位将领呈献首级和俘虏，都向韩信祝贺，趁机问韩信："按兵法行军布阵应该右边和背后靠山，前边和左边临水，这次将军命令我们背水列阵，说打败赵国会餐，我们并不信服。然而最终获胜了，这是什么战术啊？"韩信说："这也在兵法上，只是诸位没有留意罢了。兵法上不是说'陷于死亡之地然后可以求生，置于灭亡之地然后可以求存'吗？况且我平素没有统率过诸位将士，这就是人们所说的'赶着街市上的百姓去打仗'，这种形势下非把将士置之死地，使人人为保全自己而战不可；今天如果给他们逃生的地方，他们都逃跑了，怎么能够用他们作战呢！"各位将领都佩服地说："好。这不是我们所能比得上的。"

于是信问广武君曰："仆欲北攻燕，东伐齐，何若而有功？"广武君辞谢曰："臣闻败军之将，不可以言勇；亡国之大夫，不可以图存。今臣败亡之虏，何足以权大事乎！"信曰："仆闻之，百里奚居虞而虞亡，在秦而秦霸，非愚于虞而智于秦也，用与不用，听与不听也。诚令成安君听足下计，若信者亦已为禽（擒）矣。以不用足下，故信得侍耳。"因固问曰："仆委心归计，愿足下勿辞。"广武君曰："臣闻智者千虑，必有一失；愚者千虑，必有一得。故曰'狂夫之言，圣人择焉'。顾恐臣计未必足用，愿效愚忠。夫成安君有百战百胜之计，一旦而失之，军败鄗（hào）下，身死泜上。今将军涉西河，虏魏王，禽（擒）夏说阏与，一举而下井陉，不终朝破赵二十万众，诛成安君。名闻海内，威震天下，农夫莫不辍耕释耒（lěi），褕（yú）衣甘食，倾耳以待命者。若此，将军之所长也。然而众劳卒罢（疲），其实难用。今将军欲举倦獘（弊）之兵，顿之燕坚城之下，欲战恐久力不能拔，情见势屈，旷日粮竭，而弱燕不服，齐必距（拒）境以自强也。燕齐相持而不下，则刘项之权未有所分也。若此者，将军所短也。臣愚，窃以为亦过矣。故善用兵者不以短击长，而以长击短。"韩信曰："然则何由？"广武君对曰："方今为将军计，莫如案甲休兵，镇赵抚其孤，百里之内，牛酒日至，以飨士大夫醳（yì）兵，北首燕路，而后遣辩士奉咫尺之书，暴（曝）其所长于燕，燕必不敢不听从。燕已从，使喧言者东告齐，齐必从风而服，虽有智者，亦不知为齐计矣。如是，则天下事皆可图也。兵固有先声而后实者，此之谓也。"韩信曰："善。"从其策，发使使燕，燕从风而靡。乃遣使报汉，因请立张耳为赵王，以镇抚其国。汉王许之，乃立张耳为赵王。

◎**大意** 于是韩信问广武君道："我想向北攻打燕国，向东讨伐齐国，怎样才会有功绩？"广武君李左车谦让说："我听说败军的将领，不可以谈论勇敢；亡国的大夫，不可以谋划国家的生存。如今我是兵败国亡的俘虏，怎么能够商议大事呢！"韩信说："我听说百里奚居住在虞国而虞国灭亡，在秦国而秦国称霸，不是他在虞国愚蠢而到了秦国就聪明了，关键在于君主用不用他，听从不听从他。如果成安君陈馀听从您的计策，像我这样的人也已经被擒获了。因为不用您，我才得以侍奉您啊。"因而一再请教说："我诚心诚意听取您的计谋，希望您不要推辞。"广武君李左车说："我听说'智者千虑，必有一失；愚者千虑，必有一得'。所以说'狂人的话，圣人可以有选择地听取'。只怕我的计谋不一定有用，但愿尽我的愚忠。成安君陈馀有百战百胜的计谋，一朝失算，军队在鄗地失败，自己死在泜水旁。如今将军横渡西河，俘虏魏王，在阏与俘获夏说，一举攻克井陉，不到一上午就打垮了二十万人的赵军，诛杀成安君陈馀。（您的）名声传扬四海，威望震动天下，许多农民都停止耕种、放下农具，穿好吃好，专心倾听等待您出兵的命令。像这些，是将军的长处。然而百姓劳苦、士卒疲惫，其实难以作战。现在将军想率领疲惫的军队，在燕国坚固的城池之下驻扎，战吧，恐怕时间过长，力量不足不能攻克，到那时实情暴露，威势就会减弱，旷日持久，粮食耗尽，而弱小的燕国不肯降服，齐国一定会拒守边境，以图自强。燕、齐两国坚持不肯降服，那么刘、项双方胜负的比重就分不出来。像这样，是将军的短处。我的见识浅薄，但我私下认为攻燕伐齐是失策啊。所以善于带兵的人不用短处攻击长处，而以长处攻击短处。"韩信说："那么应该怎么办呢？"广武君李左车回答："如今为将军考虑，不如放下铠甲休整士兵，镇守赵国，安抚他们的孤儿，使百里之内（的人们）每天送来牛肉和美酒，邀请将士慰劳士兵。（然后）摆出向北进攻燕国的姿态，而后派出说客送书信，把自己的优势显示给燕国看，燕国肯定不敢不听从。燕国服从后，再派善于辞令的人向东告诉齐国，齐国必定会看风向而顺服，即使有聪明睿智的人，也不知该怎样为齐国谋划了。如果这样，那么天下大事都可以安排了。用兵本就有先虚后实的，我说的就是这个道理。"韩信说："好。"听从他的计策，派遣使者到燕国，燕国听到消息立刻投降，于是派遣使者向汉王报告，并请求立张耳为赵王，以镇守安抚赵国。汉王同意，就立了张耳为赵王。

楚数使奇兵渡河击赵，赵王耳、韩信往来救赵，因行定赵城邑，发兵诣汉。楚方急围汉王于荥阳，汉王南出，之宛、叶间，得黥布，走入成皋，楚又复急围之。六月，汉王出成皋，东渡河，独与滕公俱，从张耳军修武。至，宿传舍。晨自称汉使，驰入赵壁。张耳、韩信未起，即其卧内上夺其印符，以麾召诸将，易置之。信、耳起，乃知汉王来，大惊。汉王夺两人军，即令张耳备守赵地，拜韩信为相国，收赵兵未发者击齐。

◎**大意** 楚国多次派奇兵渡过黄河攻击赵国，赵王张耳、韩信往来救援赵国，在行军之中平定赵国城邑，发兵去支援汉王。楚国正加紧在荥阳围攻汉王，汉王向南突围，到宛县、叶县一带，得到黥布，逃进成皋，楚军又加紧围攻他。六月，汉王逃出成皋，向东渡过黄河，单独跟滕公一起，投奔张耳军在修武的驻地。到达后，住宿在客馆。早晨起来，汉王自称是汉王使者，奔入赵军军营。张耳、韩信还没有起床，汉王就到他们的卧室中，夺取了他们的印信和兵符，用军旗召集将领，调动将领的职位。韩信、张耳起身，才知道汉王来了，大吃一惊。汉王夺了两人的军队，命令张耳防守赵地，任命韩信为相国，集结赵国军队中没有调发的士兵去攻打齐国。

信引兵东，未渡平原，闻汉王使郦食其（yì jī）已说下齐，韩信欲止。范阳辩士蒯通说信曰："将军受诏击齐，而汉独发间使下齐，宁有诏止将军乎？何以得毋行也！且郦生一士，伏轼掉三寸之舌，下齐七十余城，将军将数万众，岁余乃下赵五十余城，为将数岁，反不如一竖儒之功乎？"于是信然之，从其计，遂渡河。齐已听郦生，即留纵酒，罢备汉守御。信因袭齐历下军，遂至临菑。齐王田广以郦生卖己，乃亨（烹）之，而走高密，使使之楚请救。韩信已定临菑，遂东追广至高密西。楚亦使龙且将，号称二十万，救齐。

◎**大意** 韩信领兵向东挺进，还没有渡过平原津，已听说汉王派郦食其劝说齐国归降，韩信想停止进军。范阳说客蒯通规劝韩信："将军接受诏令攻打齐国，而汉王暗中派密使说降齐王，难道有诏令制止将军行动了吗？怎么能不前进呢！况且郦生是个读书人，坐着车子鼓动三寸之舌，降服了齐国七十多座城池，将军率领几万士兵，一年多才攻克赵国五十多座城邑，做将领几年，反不如一个小小书生的功劳吗？"于是韩信听从他的计策，就渡过黄河。齐国已经听信了郦食其，就挽留他纵情饮酒，撤除了对汉军的防卫。韩信乘机袭击齐的历下驻军，于是打到临菑。齐王田广认为郦食其出卖自己，就将他烹杀了，然后逃往高密，派使者到楚国请求救援。韩信已经平定临菑，就向东追击田广直到高密城西。楚国也派龙且作为将领，率领号称二十万人的大军，救援齐国。

齐王广、龙且并军与信战，未合。人或说龙且曰："汉兵远斗穷战，其锋不可当。齐、楚自居其地战，兵易败散。不如深壁，令齐王使其信臣招所亡城，亡城闻其王在，楚来救，必反汉。汉兵二千里客居，齐城皆反之，其势无所得食，可无战而降也。"龙且曰："吾平生知韩信为人，易与耳。且夫救齐不战而降之，吾何功？今战而胜之，齐之半可得，何为止！"遂战，与信夹潍水陈（阵）。韩信乃夜令人为万余囊，满盛沙，壅（yōng）水上流，引军半渡，击龙且，详（佯）不胜，还走。龙且果喜曰："固知信怯也。"遂追信渡水。信使人决壅囊，水大至。龙且军大半不得渡，即急击，杀龙且。龙且水东军散走，齐王广亡去。信遂追北（败）至城阳，皆虏楚卒。

◎ **大意** 齐王田广、龙且合兵一处与韩信作战，还未交战。有人规劝龙且："汉军远来拼死作战，锋芒不可阻挡。而齐、楚两军在自己的地盘作战，士兵容易逃散。不如深挖壕沟、高筑堡垒，让齐王田广派亲信大臣去招抚已经沦陷的城邑，沦陷的城邑听说他们的国王还在，楚军又来援救，一定会反叛汉军。汉军士兵在两千里之外客居，齐国城邑都反叛他们，这样势必没有粮食来源，不需战斗就可降服。"龙且说："我平生知道韩信的为人，容易对付他。况且救助齐国，不战斗而降服汉军，我有什么功劳？如今战胜汉军，可以得到齐国的一半土地，为什么停止交战！"于是交战，与韩信在潍水两岸摆开阵势。韩信就连夜派人做了一万多个口袋，装满沙土，堵住潍水上游，领着一半军队渡河，击打龙且，假装不能取胜，往回跑。龙且果然高兴地说："我本来就知道韩信胆小。"就渡过潍水追赶韩信。韩信派人挖开堵塞潍水的沙袋，河水倾泻下来，龙且大半的军队不能渡过去，韩信急忙回击，杀死龙且。龙且在潍水东岸的部队逃散，齐王田广逃跑。韩信追击败军直到城阳，将楚军士兵全部俘虏。

汉四年，遂皆降平齐。使人言汉王曰："齐伪诈多变，反覆之国也，南边楚，不为假王以镇之，其势不定。愿为假王便。"当是时，楚方急围汉王于荥阳，韩信使者至，发书，汉王大怒，骂曰："吾困于此，旦暮望若来佐我，乃欲自立为王！"张良、陈平蹑汉王足，因附耳语曰："汉方不利，宁能禁信之王乎？不如因而立，善遇之，使自为守。不然，变生。"汉王亦悟，因复骂曰："大丈夫定诸侯，即为真王耳，何以假为！"乃遣张良往立信为齐王，征其兵击楚。

◎ **大意**　汉四年，韩信降服、平定了齐国。韩信派人对汉王说："齐国虚伪狡诈多变，是反复无常的国家，而且南面靠近楚，不设立一个代理国王来镇守它，局势不能稳定。希望允许我暂时代理齐王。"在这个时候，楚军正在荥阳加紧围攻汉王，韩信的使者到来，汉王打开书信，十分生气，骂道："我在这儿被围困，早晚盼你来帮助我，你竟要自立为王！"张良、陈平暗中踩汉王的脚，并贴近他的耳朵说："汉军正处在不利的情势下，怎么能阻止韩信称王？不如顺势立他，好好对待他，使他自己镇守齐国。不这样的话，会发生变乱。"汉王也醒悟了，就又骂道："大丈夫平定了诸侯，就做真王罢了，为什么要做代理的呢！"于是派遣张良立韩信为齐王，征调他的军队攻打楚军。

楚已亡龙且，项王恐，使盱眙（xū yí）人武涉往说齐王信曰："天下共苦秦久矣，相与戮力击秦。秦已破，计功割地，分土而王之，以休士卒。今汉王复兴兵而东，侵人之分，夺人之地，已破三秦，引兵出关，收诸侯之兵以东击楚，其意非尽吞天下者不休，其不知厌足如是甚也。且汉王不可必，身居项王掌握中数矣，项王怜而活之，然得脱，辄倍约，复击项王，其不可亲信如此。今足下虽自以与汉王为厚交，为之尽力用兵，终为之所禽（擒）矣。足下所以得须臾至今者，以项王尚存也。当今二王之事，权在足下。足下右投则汉王胜，左投则项王胜。项王今日亡，则次取足下。足下与项王有故，何不反汉与楚连和，参分天下王之？今释此时，而自必于汉以击楚，且为智者固若此乎！"韩信谢曰："臣事项王，官不过郎中，位不过执戟，言不听，画不用，故倍（背）楚而归汉。汉王授我上将军印，予我数万众，解衣衣我，推食食我，言听计用，故吾得以至于此。夫人深亲信我，我倍（背）之不祥，虽死不易。幸为信谢项王！"

◎**大意** 楚国丧失龙且后，项王害怕，派盱眙人武涉前去劝说齐王韩信道："天下人都受秦朝的苦很久了，合力攻打秦朝。秦朝被打败后，项王按照功劳裂土分封，使有功者各自称王，以使士兵休息。如今汉王又起兵东进，侵犯他人权力，夺取他人土地，已经打败三秦，又领兵出函谷关，收集诸侯的军队向东攻打楚国，汉王的意图是不完全吞并天下不罢休，他这样不知足实在太过分了。而且汉王不可信任，他被项王抓到手中已多次了，项王可怜他而让他活下来，但他一脱离危险，就背弃盟约，又攻击项王，他是这样不可亲近、不可信任。如今您虽然自认为和汉王交情深厚，为他尽力打仗，但最终要被他擒拿的。您之所以能够暂且保全性命至今，是因为项王还存在。当前两个大王的成败，决定的砝码在您。您向右依附那么汉王胜，您向左依附那么项王胜。项王今天被灭，那么下一个就轮到您。您与项王有旧交，为什么不反叛汉王而与楚国联合，三分天下称王呢？现在错过这机会，自己一定站到汉王一边来攻打楚国，一个聪明睿智的人，难道应该这样做吗？"韩信辞谢说："我侍奉项王，当官不过是郎中，职位不过是持戟卫士，言语得不到听从，计策得不到采纳，所以背叛楚国而归附汉王。汉王授予我上将军的印信，给我几万士兵，脱下衣服给我穿，让出饮食给我吃，言听计从，所以我才能够到这个地步。人家对我亲近、信赖，我背叛他不吉祥，即使到死也不变心。希望你替我辞谢项王！"

武涉已去，齐人蒯通知天下权在韩信，欲为奇策而感动之，以相人说韩信曰："仆尝受相人之术。"韩信曰："先生相人何如？"对曰："贵贱在于骨法，忧喜在于容色，成败在于决断，以此参之，万不失一。"韩信曰："善。先生相寡人何如？"对曰："愿少间。"信曰："左右去矣。"通曰："相君之面，不过封侯，又危不安。相君之背，贵乃不可言。"韩信曰："何谓也？"蒯通曰："天下初发难也，俊雄豪桀建号壹呼，天下之士云合雾集，鱼鳞杂沓，熛（biāo）至风起。当此之时，忧在亡秦而已。今楚汉分争，使天下无罪之人肝胆涂地，父子暴（曝）骸骨于中野，不可胜数。楚人起彭城，转斗逐北，至于荥阳，乘利席卷，威震天下。然兵困于京、索之间，迫西山而不能进者，三年于此矣。汉王将数十万之众，距（拒）巩、雒，阻山河之险，一日数战，无尺寸之功，折北不救，败荥阳，伤成皋，遂走宛、叶之间，此所谓智勇俱困者也。夫锐气挫于险塞，而粮食竭于内府，百姓罢（疲）极怨望，容容无所倚。以臣料之，其势非天下之贤圣固不能息天下之祸。当今两主之命县（悬）于足下。足下为汉则汉胜，与楚则楚胜。臣愿披腹心，输肝胆，效愚计，恐足下不能用也。诚能听臣之计，莫若两利而俱存之，参分天下，鼎足而居，其势莫敢先动。夫以足下之贤圣，有甲兵之众，据强齐，从燕、赵，出空虚之地而制其后，因民之欲，西乡（向）为百姓请命，则天下风走而响应矣，孰敢不听！割大弱强，以立诸侯，诸侯已立，天下服听而归德于齐。案齐之故，有胶、泗之地，怀诸侯以德，深拱揖让，则天下之君王相率而朝于齐矣。盖闻天与弗取，反受其咎；时至不行，反受其殃。愿足下孰（熟）虑之。"

◎**大意** 武涉离去后，齐国人蒯通知道决定天下局势的砝码在韩信手中，想用奇妙的计策来打动他，就以看相的身份去劝说韩信道："我曾经学过给人看相的技艺。"韩信说："先生怎样给人看相？"蒯通回答说："人的富贵和低贱在于骨骼的长相，忧愁与喜悦在于面容气色，成功和失败在于决断，以这三项参酌相人，万无一失。"韩信说："好。先生看我的面相如何？"蒯通说："希望其他人暂时回避。"韩信说："左右的人离开。"蒯通说："看您的面相，不过封侯，而且危险。看您的背相，却贵不可言。"韩信说："这是什么意思？"蒯通说："天下刚起事时，英雄豪杰建立王号振臂一呼，天下的志士像云雾一样汇聚，像鱼鳞一样密集地排列着，如火一样飞腾，如风一样卷起。在这个时候，考虑的只是灭亡秦朝而已。如今楚国、汉国分争天下，使天下无辜的人肝胆涂地，父子的尸骨暴露于旷野，死于战乱的人不计其数。楚国人从彭城出发，辗转战斗追逐败兵，到达荥阳，乘胜像卷席子一样向前挺进，威名震动天下。然而军队在京、索之间受困，被阻在西部山岳地带不能前进，到现在已经三年了。汉王率领几十万兵士，在巩县和雒阳一带抗拒楚军，依靠着山河的险要地形阻击，一天战斗多次，没有一点功绩，受挫败逃几乎不能自救，汉王在荥阳战败，在成皋受伤，于是逃到宛县、叶县之间，这就是所说的智尽勇乏了。锐气在险要关塞受挫，国库的粮食消耗尽了，百姓疲惫到极点而心生怨恨，人心动荡没有依靠。以我预料，这种形势下，若不是天下的圣贤，就肯定平定不了天下的灾祸。如今两主的命运在您掌握之中。您帮助汉王那么汉王取胜，与楚国交好那么楚国取胜。我愿意披露腹心，输出肝胆，敬献愚计，只怕您不采纳。果真能听从我的计策，不如双方都不损害而共存下去，您与他们三分天下，鼎足而立，这样的形势谁都不敢先动手。凭借您的聪明才智，拥有的人马武器之多，占据强大的齐国，胁迫燕、赵屈从，出兵到刘、项两军的空虚地带，牵制他们的后方，顺应民众的愿望，向西为百姓请求结束战争，那么天下百姓就会像风一样迅速跑来响应，谁还敢不听从！分割大国与削弱强国，用以分封诸侯，诸侯拥立后，天下就会服从听命而归功于齐国。稳定齐国原有地盘，占据胶河、泗水流域，以恩德来安抚诸侯，恭谨谦让，那么天下的君王就会相继前来朝拜齐国。您大概听说过天赐给的不接受，反而受到它的惩罚；时机来到了不行动，反而受到它的灾难。希望您仔细地考虑这件事。"

韩信曰："汉王遇我甚厚，载我以其车，衣我以其衣，食我以其食。吾闻之，乘人之车者载人之患，衣人之衣者怀人之忧，食人之食者死人之事，吾岂可以乡（向）利倍（背）义乎！"蒯生曰："足下自以为善汉王，欲建万世之业，臣窃以为误矣。始常山王、成安君为布衣时，相与为刎颈之交，后争张黡、陈泽之事，二人相怨。常山王背项王，奉项婴头而窜逃，归于汉王。汉王借兵而东下，杀成安君泜水之南，头足异处，卒为天下笑。此二人相与，天下至欢也。然而卒相禽（擒）者，何也？患生于多欲而人心难测也。今足下欲行忠信以交于汉王，必不能固于二君之相与也，而事多大于张黡、陈泽。故臣以为足下必汉王之不危己，亦误矣。大夫种、范蠡存亡越，霸句践，立功成名而身死亡。野兽已尽而猎狗亨（烹）。夫以交友言之，则不如张耳之与成安君者也；以忠信言之，则不过大夫种、范蠡之于句践也。此二人者，足以观矣。愿足下深虑之。且臣闻勇略震主者身危，而功盖天下者不赏。臣请言大王功略：足下涉西河，虏魏王，禽（擒）夏说，引兵下井陉，诛成安君，徇赵，胁燕，定齐，南摧楚人之兵二十万，东杀龙且，西乡（向）以报，此所谓功无二于天下，而略不世出者也。今足下戴震主之威，挟不赏之功，归楚，楚人不信；归汉，汉人震恐：足下欲持是安归乎？夫势在人臣之位而有震主之威，名高天下，窃为足下危之。"韩信谢曰："先生且休矣，吾将念之。"

◎**大意**　韩信说："汉王对待我相当优厚，把他的车子给我乘，把他的衣裳给我穿，把他的食物给我吃。我听说，乘坐别人的车子要承担别人的祸患，穿上别人的衣服要想到别人的忧患，吃别人的食物要为别人的事情去死，我怎么能够图谋私利而背信弃义呢！"蒯通说："你自认为和汉王交情好，想建立万世的功业，我私下认为错了。当初常山王张耳、成安君陈馀是平民时，相互交好为断头之交，后来因为张黡、陈泽的事争执，两人相互怨恨。常山王背叛项王，捧着项婴的头颅逃窜，归顺了汉王。汉王借给他军队向东进攻，在泜水以南杀了成安君，身首异处，最终被天下人耻笑。这两个人交好，是天下最要好的朋友。然而到头来，都想把对方置于死地，这是为什么呢？祸患产生于贪得无厌而人心又难以猜测。如今您想以忠诚和信义的行为来交结汉王，肯定不可能比常山王和成安君的交情更稳固，而你们之间的事却要比张黡、陈泽的事大得多。所以我认为您断定汉王不会危害自己，也是错误的。大夫文种、范蠡使灭亡的越国保存下来，使句践称霸，但功成名就之后或死或逃。野兽打完了猎犬就要被烹杀。以朋友交情而论，您和汉王比不上张耳与陈馀；以忠诚信义而论，也赶不上大夫文种、范蠡与越王句践。这两个人，足可以作借鉴了。希望您认真考虑。况且我听说勇敢与谋略震动君主的人生命就有危险，功劳冠于天下的人无法封赏。请让我说一说大王的功绩和谋略：您渡过西河，俘虏魏王，生擒夏说，带领军队夺取井陉口，杀死成安君，攻占赵国，迫降燕国，平定齐国，向南打败二十万楚国军队，向东杀了楚将龙且，西面向汉王报捷，这可以说是功劳天下无二，而计谋出众，世上少有。如今您拥有震动君主的威势，持有无法赏赐的功劳，归附楚国，楚国人不会相信；归附汉国，汉国人震动害怕：在这种情况下哪有安身之地呢？身处臣子的地位而有震动君主的威势，名声比天下人高，我私下为您感到危险。"韩信辞谢说："先生暂且不要说了，我会考虑这件事。"

后数日，蒯通复说曰："夫听者事之候也，计者事之机也，听过计失而能久安者，鲜矣。听不失一二者，不可乱以言；计不失本末者，不可纷以辞。夫随厮养之役者，失万乘之权；守儋（担）石之禄者，阙（缺）卿相之位。故知（智）者决之断也，疑者事之害也，审豪（毫）氂（厘）之小计，遗天下之大数，智诚知之，决弗敢行者，百事之祸也。故曰'猛虎之犹豫，不若蜂虿（chài）之致螫（shì）；骐骥之跼躅（jú zhú），不如驽马之安步；孟贲之狐疑，不如庸夫之必至也；虽有舜禹之智，吟而不言，不如喑聋之指麾也'。此言贵能行之。夫功者难成而易败，时者难得而易失也。'时乎时，不再来'。愿足下详察之。"韩信犹豫不忍倍（背）汉，又自以为功多，汉终不夺我齐，遂谢蒯通。蒯通说不听，已详（佯）狂为巫。

◎ **大意** 过了几天，蒯通又劝说道："能够听取意见是事情成功的征兆，能计划周密是事情成功的关键，听取错误意见和考虑问题失误而能长久安全的，实在少有。听取意见很少判断失误的人，不能用花言巧语去惑乱他；计谋筹划周到不本末倒置的人，不能用花言巧语去扰乱他。一个安心做奴仆的人，就会失去得到君主权柄的机会；一个留恋微薄俸禄的人，就不可能得到公卿宰相的高位。所以聪明的人善于决断，迟疑不决一定坏事，在一毫一厘的小事情上用心思，就会忘记天下的大事，理智上已知道应处理的事，决定了又不敢去执行，这是一切事情的祸根。所以说'猛虎犹豫不决，不如黄蜂、蝎子用毒刺刺人；千里马徘徊不前，不如劣马稳步前进；勇士孟贲狐疑不定，不如凡夫俗子一定要达到目的地实干；有虞舜、夏禹的智慧而闭口不说，不如聋哑人打手势'。这些意在说明行动的可贵。功业难成而容易失败，时机难以得到而容易失掉。时机啊时机，失去了便不可能再来。希望您仔细地考虑这件事。"韩信犹豫不决，不忍心背叛汉王，又自认为功劳多，汉王最终不会夺去自己的齐国，就谢绝了蒯通。蒯通的劝说没有被听取，后来就假装疯癫做了巫师。

汉王之困固陵，用张良计，召齐王信，遂将兵会垓下。项羽已破，高祖袭夺齐王军。汉五年正月，徙齐王信为楚王，都下邳（pī）。

◎**大意** 汉王在固陵被围困时，采用张良的计策，征召齐王韩信，于是韩信领兵到垓下会战。项羽被打败后，汉高祖突然袭击夺取了齐王韩信的军权。汉五年正月，高祖将齐王韩信封为楚王，在下邳建都。

信至国，召所从食漂母，赐千金。及下乡南昌亭长，赐百钱，曰："公，小人也，为德不卒。"召辱己之少年令出胯下者以为楚中尉。告诸将相曰："此壮士也。方辱我时，我宁不能杀之邪？杀之无名，故忍而就于此。"

◎**大意** 韩信到了封国，召见曾经给他饭吃的漂洗丝絮的老大娘，赐给她一千金。还召见下乡南昌亭长，赐给他一百钱，说："您是小人，做好事不做到底。"又召见曾经侮辱过自己让从他裤裆下爬过去的年轻人，任命为楚国的中尉。对各位将领说："这是位壮士。当他侮辱我的时候，我难道不能杀死他吗？杀掉他没有意义，所以我忍受了一时的侮辱而成就了今天的功业。"

项王亡将钟离昧（mò）家在伊庐，素与信善。项王死后，亡归信。汉王怨眜，闻其在楚，诏楚捕眜。信初之国，行县邑，陈兵出入。汉六年，人有上书告楚王信反。高帝以陈平计，天子巡狩会诸侯，南方有云梦，发使告诸侯会陈："吾将游云梦。"实欲袭信，信弗知。高祖且至楚，信欲发兵反，自度无罪，欲谒上，恐见禽（擒）。人或说信曰："斩眜谒上，上必喜，无患。"信见眜计事。眜曰："汉所以不击取楚，以眜在公所。若欲捕我以自媚于汉，吾今日死，公亦随手亡矣。"乃骂信曰："公非长者！"卒自刭。信持其首，谒高祖于陈。上令武士缚信，载后车。信曰："果若人言，'狡兔死，良狗亨（烹）；高鸟尽，良弓藏；敌国破，谋臣亡'。天下已定，我固当亨（烹）！"上曰："人告公反。"遂械系信。至雒阳，赦信罪，以为淮阴侯。

◎**大意** 项王的逃亡将领钟离眜在伊庐，向来与韩信交好。项王死后，他逃跑出来归附韩信。汉王怨恨钟离眜，听说他在楚国，下诏书让楚国逮捕钟离眜。韩信刚到封国，巡察各县邑，进进出出都有军队戒严。汉六年，有人上书告发楚王韩信谋反。汉高祖采用陈平的计谋，借天子巡行打猎会见诸侯，南方有云梦泽，派使者告诉诸侯到陈县聚会："我要巡游云梦泽。"实际上想袭击韩信，韩信却不知道。汉高祖快到楚国了，韩信想发兵反叛，考虑自己没有罪过，想拜见皇上，又怕被擒拿。有人劝说韩信道："斩杀钟离眜去朝见皇上，皇上一定高兴，就没有祸患了。"韩信去见钟离眜商议这件事。钟离眜说："汉王不攻打夺取楚国，是因为我在您这里。你想逮捕我用来讨好汉王，我今天死，你也要随着灭亡了。"于是骂韩信说："你不是个德行高尚的人！"就自杀了。韩信带着他的首级，到陈县拜见汉高祖。高祖命令武士将韩信捆绑起来，放在后面的车上。韩信说："果真如同他人说的，'狡猾的兔子死了，出色的猎狗就要被烹杀；高飞的鸟光了，好的弓箭就要被收藏；敌国被打败了，谋臣就要死亡'。天下已经安定，我本来就应当被烹杀了！"高祖说："有人告您谋反。"就给韩信戴上了刑具。到达雒阳，赦免了韩信的罪过，任命他为淮阴侯。

信知汉王畏恶其能，常称病不朝从。信由此日怨望，居常鞅鞅，羞与绛、灌等列。信尝过樊将军哙，哙跪拜送迎，言称臣，曰："大王乃肯临臣！"信出门，笑曰："生乃与哙等为伍！"上常从容与信言诸将能不（否），各有差。上问曰："如我能将几何？"信曰："陛下不过能将十万。"上曰："于君何如？"曰："臣多多而益善耳。"上笑曰："多多益善，何为为我禽（擒）？"信曰："陛下不能将兵，而善将将，此乃信之所以为陛下禽（擒）也。且陛下所谓天授，非人力也。"

◎**大意** 韩信知道汉王畏惧嫉妒自己的才能，常常托病不朝见、侍从汉王。韩信从此日夜怨恨，平时在家闷闷不乐，又为与绛侯、灌婴等人处于同等地位感到羞耻。韩信曾经拜访樊哙将军，樊哙跪拜迎来送往，口称臣子，说："大王竟肯光临臣门！"韩信出门，笑着说："我这辈子竟然和樊哙等人在一起！"皇上曾经跟韩信闲谈各位将领才能大小，各有高低。皇上问道："像我能带多少兵？"韩信说："陛下不过能带十万兵。"皇上说："对您来说怎么样？"韩信说："我是越多越好。"皇上笑着说："越多越好，为什么被我俘虏了？"韩信说："陛下不能领兵，却善于统率将领，这就是为什么我被陛下擒拿了。而且陛下的地位是上天赐予的，不是人力能做到的。"

　　陈豨拜为巨鹿守，辞于淮阴侯。淮阴侯挈（qiè）其手，辟左右与之步于庭，仰天叹曰："子可与言乎？欲与子有言也。"豨曰："唯将军令之。"淮阴侯曰："公之所居，天下精兵处也；而公，陛下之信幸臣也。人言公之畔（叛），陛下必不信；再至，陛下乃疑矣；三至，必怒而自将。吾为公从中起，天下可图也。"陈豨素知其能也，信之，曰："谨奉教！"汉十年，陈豨果反。上自将而往，信病不从。阴使人至豨所，曰："弟举兵，吾从此助公。"信乃谋与家臣夜诈诏赦诸官徒奴，欲发以袭吕后、太子。部署已定，待豨报。其舍人得罪于信，信囚，欲杀之。舍人弟上变，告信欲反状于吕后。吕后欲召，恐其党不就，乃与萧相国谋，诈令人从上所来，言豨已得死，列侯群臣皆贺。相国绐（诒）信曰："虽疾，强入贺。"信入，吕后使武士缚信，斩之长乐钟室。信方斩，曰："吾悔不用蒯通之计，乃为儿女子所诈，岂非天哉！"遂夷信三族。

◎**大意** 陈豨被任命为巨鹿郡守，向淮阴侯韩信辞行。淮阴侯韩信拉着他的手，回避左右的人与他一起在庭院里漫步，仰面朝天叹息说："可以跟您谈话吗？有话想对您说。"陈豨说："将军只管吩咐。"淮阴侯韩信说："您管辖的地区，是国家屯聚精兵的地方；而您，是陛下亲信宠爱的臣子。有人说您反叛，陛下一定不会相信；再有人说，陛下就会怀疑了；第三次有人说，陛下肯定发怒而亲自领兵征讨。我为您在京城做内应，天下可以图谋。"陈豨向来知道他的才能，相信他，说："谨从教诲！"汉十年，陈豨果真造反。皇上亲自领兵前往，韩信托病没有随从。他暗地里派人到陈豨的处所，说："只管起兵，我在这里帮助您。"韩信就和家臣谋划趁夜晚假传诏书赦免各官府服役的罪犯和奴隶，想调发他们去袭击吕后、太子。布置已经停当，等待陈豨回报。韩信有个家臣得罪了韩信，韩信囚禁了他，想杀了他。这个家臣的弟弟上书告发，向吕后告发韩信想谋反的情况。吕后想召韩信，又怕他的党羽不肯就范，就与萧相国谋划，假说有人从皇上那里来，说陈豨已经被擒获处死，列侯群臣都去祝贺。萧相国欺骗韩信说："即使有病，也要勉强进宫祝贺。"韩信进宫，吕后指使武士将韩信捆绑了，在长乐宫的钟室将他斩杀。韩信临刑时，说："我悔恨不用蒯通的计谋，竟被妇女小子欺骗，难道不是天意吗！"于是韩信三族被诛杀。

　　高祖已从豨军来，至，见信死，且喜且怜之，问："信死亦何言？"吕后曰："信言恨不用蒯通计。"高祖曰："是齐辩士也。"乃诏齐捕蒯通。蒯通至，上曰："若教淮阴侯反乎？"对曰："然，臣固教之。竖子不用臣之策，故令自夷于此。如彼竖子用臣之计，陛下安得而夷之乎！"上怒曰："亨（烹）之。"通曰："嗟乎，冤哉亨（烹）也！"上曰："若教韩信反，何冤？"对曰："秦之纲绝而维弛，山东大扰，异姓并起，英俊乌集。秦失其鹿，天下共逐之，于是高材疾足者先得焉。跖之狗吠尧，尧非不仁，狗固吠非其主。当是时，臣唯独知韩信，非知陛下也。且天下锐精持锋欲为陛下所为者甚众，顾力不能耳。又可尽亨（烹）之邪？"高帝曰："置之。"乃释通之罪。

◎**大意**　高祖从征讨陈豨的军中回来后，到了京城，见韩信死了，既高兴又怜悯，问："韩信临死时说了什么话？"吕后说："韩信说悔恨没有采纳蒯通的计谋。"高祖说："这是齐国的说客。"就诏令到齐国逮捕蒯通。蒯通被送到，高祖说："你叫淮阴侯谋反的吗？"蒯通回答说："对，我确实教过他。这小子不采纳我的计策，所以今天落个自取灭亡。如果这小子采纳我的计策，陛下怎能灭掉他呢！"高祖生气地说："烹杀他。"蒯通说："哎呀，烹杀我冤枉啊！"皇上说："你教韩信谋反，有什么冤枉？"蒯通回答："秦朝的法度败坏政权崩溃，山东一带大乱，异姓王纷纷自立，英雄豪杰像群鸦飞聚在一起。秦朝失去了帝位，天下人一起追求它，这时才能高而行动快的人先得到它。盗跖的狗对着尧狂叫，不是因为尧不仁义，而是因为尧不是它的主人。在那个时候，我只知道韩信，并不知道陛下。况且当时天下磨快武器、手执利刃想干陛下所干的事业的人很多，只是能力不够罢了。又可以将他们全烹杀吗？"高祖说："放了他。"就赦免了蒯通的罪过。

  太史公曰：吾如淮阴，淮阴人为余言，韩信虽为布衣时，其志与众异。其母死，贫无以葬，然乃行营高敞地，令其旁可置万家。余视其母冢，良然。假令韩信学道谦让，不伐己功，不矜其能，则庶几哉，于汉家勋可以比周、召、太公之徒，后世血食矣。不务出此，而天下已集，乃谋畔（叛）逆，夷灭宗族，不亦宜乎！

◎**大意** 太史公说：我到淮阴，淮阴人对我说，韩信即使是平民时，志向也和大家不一样。他的母亲死了，贫穷无法埋葬，然而他四处奔走寻找又高又宽敞的坟地，使坟墓旁可以安置下万户人家。我看了他母亲的坟墓，确实如此。假如韩信能学习圣贤之道懂得谦让，不夸耀自己的功劳，不因自己的才能骄傲，那么就差不多了，他对汉朝的功劳就可以跟周朝的周公、召公、太公这些人相比，可以享受后代的祭祀了。不朝这个方向努力，天下已经安定，还谋求反叛，诛灭他的宗族，不也是应该的吗？

制定朝仪的叔孙通

选自《刘敬叔孙通列传》

　　叔孙通者，薛人也。秦时以文学征，待诏博士。数岁，陈胜起山东，使者以闻，二世召博士诸儒生问曰："楚戍卒攻蕲入陈，于公如何？"博士诸生三十余人前曰："人臣无将，将即反，罪死无赦。愿陛下急发兵击之。"二世怒，作色。叔孙通前曰："诸生言皆非也。夫天下合为一家，毁郡县城，铄（shuò）其兵，示天下不复用。且明主在其上，法令具于下，使人人奉职，四方辐辏（còu），安敢有反者！此特群盗鼠窃狗盗耳，何足置之齿牙间。郡守尉今捕论，何足忧。"二世喜曰："善。"尽问诸生，诸生或言反，或言盗。于是二世令御史案诸生言反者下吏，非所宜言。诸言盗者皆罢之。乃赐叔孙通帛二十匹，衣一袭，拜为博士。叔孙通已出宫，反（返）舍，诸生曰："先生何言之谀也？"通曰："公不知也，我几不脱于虎口！"乃亡去，之薛，薛已降楚矣。及项梁之薛，叔孙通从之。败于定陶，从怀王。怀王为义帝，徙长沙，叔孙通留事项王。汉二年，汉王从五诸侯入彭城，叔孙通降汉王。汉王败而西，因竟从汉。

◎**大意**　叔孙通，是薛县人。秦朝时以善写文章和知识渊博被征召，等待任命为博士。几年后，陈胜在山东起事，使者把这件事报告给朝廷，秦二世召见各位博士和儒生问道："从楚地征调去戍边的士卒攻下蕲县进入陈县，诸位对这件事有什么看法？"三十多位博士以及儒生走上前去说："做臣子的不能聚众，聚众就是造反，这是不能赦免的死罪。希望陛下火速发兵攻打他们。"秦二世恼怒，变了脸色。叔孙通走上前说："众儒生的话都不对。如今天下已合为一家，毁掉了郡县的城池，销熔了各地的兵器，向天下人昭示不再使用它。况且在上面有贤明的君主，在下面有完备的法令，使得人人遵法守职，四面八方都归附朝廷，哪有敢反叛的！这只不过是一伙盗贼行窃罢了，哪有什么谈论的价值。郡守和郡尉正在搜捕定罪，哪里值得忧虑。"秦二世高兴地说："好。"他又问遍了众儒生，儒生们有的说是造反，有的说是盗贼。于是秦二世命令御史查究，凡说是造反的都交给官吏治罪，因为他们说了不合时宜的话。凡是说盗贼的都不予追究。秦二世赐给叔孙通二十匹帛，一套服装，并授给他博士职位。叔孙通走出宫来，回到居舍，儒生们说："先生为何要讲阿谀奉承的话呢？"叔孙通说："诸位有所不知，我几乎逃不出虎口！"于是他逃离都城，到了薛县，薛县已经投降楚军了。等项梁到了薛县，叔孙通便跟从了他。项梁在定陶兵败身亡，叔孙通便跟随了楚怀王。楚怀王做了义帝，迁往长沙，叔孙通就留下来服侍项羽。汉高祖二年，汉王刘邦带领各路诸侯王的军队攻入彭城，叔孙通投降了汉王。汉王兵败西撤，叔孙通最终跟从了汉军。

叔孙通儒服，汉王憎之；乃变其服，服短衣，楚制，汉王喜。

◎**大意**　叔孙通穿着儒生服装，汉王见了很厌恶；于是他改换服装，穿起了短衣，而且是楚地服装的式样，汉王见了很高兴。

叔孙通之降汉，从儒生弟子百余人，然通无所言进，专言诸故群盗壮士进之。弟子皆窃骂曰："事先生数岁，幸得从降汉，今不能进臣等，专言大猾，何也？"叔孙通闻之，乃谓曰："汉王方蒙矢石争天下，诸生宁能斗乎？故先言斩将搴（qiān）旗之士。诸生且待我，我不忘矣。"汉王拜叔孙通为博士，号稷嗣君。

◎**大意** 叔孙通投降汉王的时候，跟随他的儒生弟子有一百多人，然而他没有说过推荐谁，却专门推荐那些曾经聚众偷盗的勇士。弟子们都暗地里抱怨道："服侍先生几年，幸好能跟他投降汉王，如今他不能推荐我们，却专门称道那些特别狡诈的人，这是什么道理？"叔孙通听到后，就对弟子们说："汉王正冒着利箭坚石争夺天下，各位儒生难道能搏斗吗？所以我先要推荐那些能够斩将夺旗的勇士。各位儒生姑且等等我，我不会忘记你们的。"汉王任命叔孙通为博士，称稷嗣君。

汉五年，已并天下，诸侯共尊汉王为皇帝于定陶，叔孙通就其仪号。高帝悉去秦苛仪法，为简易。群臣饮酒争功，醉或妄呼，拔剑击柱，高帝患之。叔孙通知上益厌之也，说上曰："夫儒者难与进取，可与守成。臣愿征鲁诸生，与臣弟子共起朝仪。"高帝曰："得无难乎？"叔孙通曰："五帝异乐，三王不同礼。礼者，因时世人情为之节文者也。故夏、殷、周之礼所因损益可知者，谓不相复也。臣愿颇采古礼与秦仪杂就之。"上曰："可试为之，令易知，度吾所能行为之。"

◎**大意** 汉高祖五年，已吞并天下，诸侯在定陶共同尊推汉王为皇帝，叔孙通负责拟定典章制度。当时汉高祖已经把秦朝烦琐的礼仪法规全部取消，力求简便易行。可是群臣经常喝酒争功，醉后有的狂呼乱叫，甚至拔出剑来砍削梁柱，高祖为此而感到头疼。叔孙通知道高祖愈来愈讨厌这类事，进谏高祖道："那些儒生很难为您攻取天下，可是能够为您守住已成的基业。我愿意去征召鲁地的一些儒生，跟我的子弟们共同制定朝廷的礼仪。"高祖说："实行起来会烦琐吗？"叔孙通说："五帝有不同的乐制，三王有不同的礼节。礼，就是根据当时的世事、人情给人们制定节制或修饰的法则。所以从夏、商、周三代的礼节有所继承、删减和增加的过程中就可以知晓这一点，就是说不同朝代的礼节是不相重复的。我愿意略微采用古代的礼节，与秦朝的礼仪糅合起来，制定新礼节。"高祖说："可以试着去办，但要让它容易通晓，考虑我能够做得到的。"

于是叔孙通使征鲁诸生三十余人。鲁有两生不肯行，曰："公所事者且十主，皆面谀以得亲贵。今天下初定，死者未葬，伤者未起，又欲起礼乐。礼乐所由起，积德百年而后可兴也。吾不忍

制定朝仪的叔孙通

为公所为。公所为不合古，吾不行。公往矣，无污我！"叔孙通笑曰："若真鄙儒也，不知时变。"

◎**大意** 于是叔孙通奉命出使征召了鲁地三十多名儒生。鲁地有两个儒生不肯走，说："您已经服侍了将近十位君主，都靠着当面阿谀奉承来取得亲近和显贵。现在天下刚刚平定，死者还没有埋葬，伤者还没有恢复，又要制礼作乐。从礼乐兴办的根由看，只有积累功德百年后才能兴办。我们不忍心做您所要做的事。您所做的事不合古法，我们不去。您去吧，不要玷辱了我们！"叔孙通笑着说："你们真是迂腐不通达时务的儒生啊，一点也不懂得时局的变化。"

遂与所征三十人西，及上左右为学者与其弟子百余人为绵蕞野外。习之月余，叔孙通曰："上可试观。"上既观，使行礼，曰："吾能为此。"乃令群臣习肄（yì），会十月。

◎**大意** 于是叔孙通和征来的三十位儒生西行，他们和高祖左右有学问的侍从以及叔孙通的弟子一百多人在野外拉起长绳，结扎茅草定礼仪之位，进行演习。演习了一个多月，叔孙通说："皇上可以试着去看看。"皇上看后，让他们举行仪式，说道："我能做到这些。"便命令群臣边学边练，准备在十月岁首举行朝会。

汉七年，长乐宫成，诸侯群臣皆朝十月。仪：先平明，谒者治礼，引以次入殿门，廷中陈车骑步卒卫宫，设兵张旗志。传言"趋"。殿下郎中侠（夹）陛，陛数百人。功臣列侯诸将军军吏以次陈西方，东向；文官丞相以下陈东方，西向。大行设九宾，胪传。于是皇帝辇出房，百官执职（帜）传警，引诸侯王以下至吏六百石以次奉贺。自诸侯王以下莫不振（震）恐肃敬。至礼毕，复置法酒。诸侍坐殿上皆伏抑首，以尊卑次起上寿。觞（shāng）九行，谒者言"罢酒"。御史执法举不如仪者辄引去。竟朝置酒，无敢欢哗失礼者。于是高帝曰："吾乃今日知为皇帝之贵也。"乃拜叔孙通为太常，赐金五百斤。

◎**大意** 汉高祖七年，长乐宫落成，各诸侯王及朝廷群臣都来参加十月的朝会。仪式如下：在天亮之前，谒者主持典礼，引导所有人员按次序进入殿门，廷中排列着战车、骑兵、步兵和宫廷侍卫，设置着各种兵器，树立着各式旗帜。谒者传呼"快

111

步走"。殿下郎中站在台阶两旁,台阶两旁有数百人。功臣列侯各级军官都按次序排列在西边,面向东方;文职官员从丞相以下排列在东边,面向西方。大行令设置了九个礼仪官,从上到下地传呼。于是皇帝乘坐辇车从宫房里出来,百官举起旗帜传呼警备,引导诸侯王以下至六百石以上的各级官员按次序朝拜皇帝。从诸侯王以下无不惊惧肃敬。等到仪式完毕,再举行正式宴会。凡陪坐在殿上的官员都严肃地低着头,按尊卑次序起身给皇上敬酒祝福。斟酒九巡,谒者宣布"宴会结束"。御史执行礼仪法规,找出那些不符合礼仪规定的人把他们带走。从朝见到宴会的全过程,没有一个敢大声说话和违反礼节。于是汉高祖说:"我今天才知道当皇帝的尊贵啊。"就任命叔孙通为太常,赏赐黄金五百斤。

叔孙通因进曰:"诸弟子儒生随臣久矣,与臣共为仪,愿陛下官之。"高帝悉以为郎。叔孙通出,皆以五百斤金赐诸生。诸生乃皆喜曰:"叔孙生诚圣人也,知当世之要务。"

◎**大意** 叔孙通趁机进言说:"各位弟子儒生跟随我很久了,和我一同制定朝仪,希望陛下授给他们官职。"高祖让他们都做了郎官。叔孙通出宫,把皇上赏赐的五百斤黄金全部赏赐给众儒生。这些儒生都高兴地说:"叔孙先生真是位圣人,知晓当代的紧要事务。"

汉九年,高帝徙叔孙通为太子太傅。汉十二年,高祖欲以赵王如意易太子,叔孙通谏上曰:"昔者晋献公以骊姬之故废太子,立奚齐,晋国乱者数十年,为天下笑。秦以不早定扶苏,令赵高得以诈立胡亥,自使灭祀,此陛下所亲见。今太子仁孝,天下皆闻之;吕后与陛下攻苦食啖(淡),其可背哉!陛下必欲废嫡而立少,臣愿先伏诛,以颈血污地。"高帝曰:"公罢矣,吾直戏耳。"叔孙通曰:"太子天下本,本一摇天下振动,奈何以天下为戏!"高帝曰:"吾听公言。"及上置酒,见留侯所招客从太子入见,上乃遂无易太子志矣。

◎**大意** 汉高祖九年,高祖调派叔孙通做太子太傅。汉高祖十二年,高祖想让赵王刘如意代替太子,叔孙通劝谏高祖道:"从前晋献公因为宠幸骊姬而废掉了太子,立了奚齐,晋国为此乱了数十年,被天下人耻笑。秦始皇因为不早确定扶苏当太子,使赵高得以假传圣旨立胡亥,自己造成宗庙祭祀断绝,这是陛下亲眼见到的。

如今太子仁爱孝顺，天下人都知道；吕后跟随陛下艰苦奋斗，吃粗茶淡饭，怎么可以背弃呢！陛下一定要废掉嫡长子而扶立小儿子，我愿意先受死刑，把一腔热血洒在地上。"高祖说："您不要讲了，我只是开玩笑罢了。"叔孙通说："太子是天下的根本，根本一动摇天下就会震动，怎么能拿天下来开玩笑！"高祖说："我听您的话。"等到高祖举行宴会，看到张良招来客人随从太子进宫拜见，就再没有更换太子的想法了。

高帝崩，孝惠即位，乃谓叔孙生曰："先帝园陵寝庙，群臣莫能习。"徙为太常，定宗庙仪法。及稍定汉诸仪法，皆叔孙生为太常所论著也。

◎**大意** 汉高祖去世，孝惠帝即位，就对叔孙先生说："先帝陵园和宗庙的祭礼，群臣都不熟悉。"因此调他做太常，制定了宗庙的礼仪制度。此后又逐步制定了汉朝的诸项仪礼制度，这些都是叔孙通任太常时论定的。

孝惠帝为东朝长乐宫，及间往，数跸（bì）烦人，乃作复道，方筑武库南。叔孙生奏事，因请间曰："陛下何自筑复道高寝，衣冠月出游高庙？高庙，汉太祖，奈何令后世子孙乘宗庙道上行哉？"孝惠帝大惧，曰："急坏之。"叔孙生曰："人主无过举。今已作，百姓皆知之，今坏此，则示有过举。愿陛下原庙渭北，衣冠月出游之，益广多宗庙，大孝之本也。"上乃诏有司立原庙。原庙起，以复道故。

◎**大意** 汉孝惠帝为了到东边的长乐宫去朝拜吕太后，加之平时也要到长乐宫走走，时常要禁止百姓通行，烦扰百姓，于是就修了一座天桥，这座天桥正好建在武库的南面。叔孙通去禀报事务，趁机请求秘密地谈话说："陛下怎么能擅自修筑天桥，而把天桥修建在每月从高祖陵寝送衣冠出游到高祖祠庙的通道上面呢？高祖的祠庙，是汉朝的始祖庙，怎么能让后代子孙到宗庙通道的上面行走呢？"孝惠帝大为惊恐，说："赶快将天桥拆毁。"叔孙先生说："做君主的不能有错误的举动。现在已经建成，百姓都知道了，如果拆毁它，就表示您做了错事。希望陛下在渭水北面另建一座原样的祠庙，让高祖陵寝的衣冠每月出游到那里，进一步扩大并增加宗庙，这是大孝的根本啊。"皇上就下诏令让主管官员另立一座祠庙。这座原样的高祖祠庙的建立，就是修天桥的缘故。

孝惠帝曾春出游离宫，叔孙生曰："古者有春尝果，方今樱桃孰（熟），可献，愿陛下出，因取樱桃献宗庙。"上乃许之。诸果献由此兴。

◎**大意** 孝惠帝曾在春天出游离宫，叔孙先生说："古代有春天给宗庙进献果品的礼仪，现在正当樱桃成熟的季节，可以来进献，希望陛下出游时，顺便采些樱桃进献宗庙。"皇上便答应这样办。各种进献果品的礼仪从此兴起了。

直言敢谏张释之

选自《张释之冯唐列传》

　　张廷尉释之者,堵阳人也,字季。有兄仲同居。以訾(资)为骑郎,事孝文帝,十岁不得调,无所知名。释之曰:"久宦减仲之产,不遂。"欲自免归。中郎将袁盎知其贤,惜其去,乃请徙释之补谒者。释之既朝毕,因前言便宜事。文帝曰:"卑之,毋甚高论,令今可施行也。"于是释之言秦汉之间事,秦所以失而汉所以兴者久之。文帝称善,乃拜释之为谒者仆射。

◎**大意**　廷尉张释之,是堵阳人,字季。有个哥哥张仲和他一起生活。由于家财殷实而选为骑郎,侍奉孝文帝,十年得不到升迁,没有人知道他。张释之说:"我长时间做郎官,耗减了哥哥的家产,于心不安。"想自动请求免职回家。中郎将袁盎知道他贤能，舍不得他离去。于是奏请迁调张释之替补谒者的空缺。张释之朝见完毕，趁此上前陈述便国利民的事，孝文帝说："谈些现实的事，不要高谈阔论，说些当前能够施行的。"在这种情况下张释之就谈论秦、汉之间的事，讲起秦朝灭亡和汉朝兴盛的原因，讲了许久。孝文帝称好，便提升张释之为谒者仆射。

释之从行，登虎圈。上问上林尉诸禽兽簿，十余问，尉左右视，尽不能对。虎圈啬（sè）夫从旁代尉对上所问禽兽簿甚悉，欲以观其能口对响应无穷者。文帝曰："吏不当若是邪？尉无赖！"乃诏释之拜啬夫为上林令。释之久之前曰："陛下以绛侯周勃何如人也？"上曰："长者也。"又复问："东阳侯张相如何如人也？"上复曰："长者。"释之曰："夫绛侯、东阳侯称为长者，此两人言事曾不能出口，岂敩（效）此啬夫谍（喋）谍（喋）利口捷给哉！且秦以任刀笔之吏，吏争以亟疾苛察相高，然其敝徒文具耳，无恻隐之实。以故不闻其过，陵迟而至于二世，天下土崩。今陛下以啬夫口辩而超迁之，臣恐天下随风靡靡，争为口辩而无其实。且下之化上疾于景（影）响，举错（措）不可不审也。"文帝曰："善。"乃止不拜啬夫。

◎**大意** 张释之跟随皇帝出行，来到虎圈观看。皇上问上林尉各种禽兽册子的登记情况，问了十几个问题，上林尉左瞅右瞧，都答不上来。看管虎圈的啬夫从旁代上林尉全面地回答了皇上所问的禽兽册的情况，想以此显示自己能对答如流，就像回声相应一样，毫无停顿。孝文帝说："官吏不应当像这样吗？上林尉无能！"于是命令张释之提拔啬夫做上林尉。张释之过了许久上前说："陛下认为绛侯周勃是怎样的人呢？"皇上说："是有才德的人！"又问："东阳侯张相如是怎样的人呢？"皇上回答："是有才德的人。"张释之说："绛侯周勃、东阳侯张相如被称为有才德的人，这两个人谈论事情时很少发议论，难道要学啬夫喋喋不休的伶牙俐齿吗！况且秦朝重用舞文弄法的书吏，致使书吏争相以办事急快、督过苛刻互比高低，然而其弊病在于徒具形式，而没有实际的内容。因此，秦王听不到自己的过失，日益衰落，到了二世，国家土崩瓦解。如今陛下因为啬夫伶牙俐齿就越级提拔他，我担心天下会随风附和，争相做口头文章而没有实际能力。况且下面受上面的感化，比影子和回声来得还快，不能不慎重啊！"文帝说："对。"于是收回命令，不提拔啬夫了。

上就车，召释之参乘，徐行，问释之秦之敝。具以质言。至宫，上拜释之为公车令。

直言敢谏张释之

◎ **大意** 皇上上车，让张释之陪乘，车子缓缓前行。皇上问张释之秦朝统治的弊病。张释之以实情相告。到了宫中，皇上任命张释之为公车令。

顷之，太子与梁王共车入朝，不下司马门，于是释之追止太子、梁王无得入殿门。遂劾（hé）不下公门不敬，奏之。薄太后闻之，文帝免冠谢曰："教儿子不谨。"薄太后乃使使承诏赦太子、梁王，然后得入。文帝由是奇释之，拜为中大夫。

◎ **大意** 不久，太子与梁王同乘一辆车入朝，在司马门也没有下车，当时张释之追上去制止太子、梁王进入殿门。张释之就检举他俩不下司马门为不敬罪，上报给朝廷。薄太后知道了这事，文帝摘下帽子赔罪道："是我教育儿子不严。"薄太后才派使者传令赦免太子、梁王，这样太子、梁王才得以进入殿内。文帝从这件事上看出张释之与众不同，任命他为中大夫。

顷之，至中郎将。从行至霸陵，居北临厕（侧）。是时慎夫人从，上指示慎夫人新丰道，曰："此走邯郸道也。"使慎夫人鼓瑟，上自倚瑟而歌，意惨凄悲怀，顾谓群臣曰："嗟乎！以北山石为椁，用纻（zhù）絮斲（zhuó）陈，蕠（rú）漆其间，岂可动哉！"左右皆曰："善。"释之前进曰："使其中有可欲者，虽锢南山犹有名古却（隙）；使其中无可欲者，虽无石椁，又何戚焉！"文帝称善。其后拜释之为廷尉。

◎ **大意** 不久，张释之被提拔为中郎将。他随从皇上到霸陵，皇上登临霸陵最北面的山头远望。这时慎夫人也跟随着，皇上指着去新丰的路给慎夫人看，说："这就是通往邯郸的路。"皇上让慎夫人弹瑟，皇上自己和着瑟的曲调唱歌，情意凄惨悲凉，回头对群臣说道："唉！拿北山的石头做外椁，将苎麻丝絮剁碎充塞石椁的缝隙，再用漆黏合起来，难道还能打得开吗！"近侍都说："好。"张释之上前说道："假若它里面有能够引起人们贪欲的东西，即使封闭南山做棺椁，也还有缝隙；如果里面没有能够引起人们贪欲的东西，即便没有石椁，又何必担忧呢！"文帝称赞说好。此后便提拔张释之做了廷尉。

顷之，上行出中渭桥，有一人从桥下走出，乘舆马惊。于是使骑捕，属之廷尉。释之治问。曰："县人来，闻跸（bì），匿桥下。

久之，以为行已过，即出，见乘舆车骑，即走耳。"廷尉奏当，一人犯跸，当罚金。文帝怒曰："此人亲惊吾马，吾马赖柔和，令他马，固不败伤我乎？而廷尉乃当之罚金！"释之曰："法者天子所与天下公共也。今法如此而更重之，是法不信于民也。且方其时，上使立诛之则已。今既下廷尉，廷尉，天下之平也，一倾而天下用法皆为轻重，民安所措其手足？唯陛下察之。"良久，上曰："廷尉当是也。"

◎**大意** 不久，张释之跟随皇上经过中渭桥，有一个人从桥下跑出来，使皇上驾车的马受了惊。皇上于是令随驾骑兵将那人逮捕，交付廷尉治罪。张释之审问那个人。那人说："我从乡下来这里，听到清道戒严，急忙躲在桥下。过了好久，以为皇上已经过去，便从桥下出来，见到皇上的车马和仪仗队，立刻就跑。"廷尉张释之审完后上奏判决的结果：一个人违反了清道戒严的号令，应处以罚金。文帝大怒道："这个人惊了我的马，幸亏我的马性情温和，假若是别的马，不早就摔伤我了吗？廷尉却仅仅处以罚金！"张释之说："法律是天子和天下人所共同遵守的。如今法律是这样规定的却要加重处罚，这样法律就不能取信于民了。况且在当时，皇上令人立刻杀掉他也就罢了。如今既然交付廷尉，廷尉是天下公平的象征，一旦有偏，天下使用法律时就会任意判轻判重，老百姓岂不是手足无措了吗？望陛下明察！"过了好久，皇上说："廷尉该当这样判处。"

其后有人盗高庙坐前玉环，捕得，文帝怒，下廷尉治。释之案律盗宗庙服御物者为奏，奏当弃市。上大怒曰："人之无道，乃盗先帝庙器，吾属（嘱）廷尉者，欲致之族，而君以法奏之，非吾所以共（恭）承宗庙意也。"释之免冠顿首谢曰："法如是足也。且罪等，然以逆顺为差。今盗宗庙器而族之，有如万分之一，假令愚民取长陵一抔（póu）土，陛下何以加其法乎？"久之，文帝与太后言之，乃许廷尉当。是时，中尉条侯周亚夫与梁相山都侯王恬开见释之持议平，乃结为亲友。张廷尉由此天下称之。

◎**大意** 那以后有人偷了高祖庙神座前的玉环，被逮捕了，文帝大怒，交给廷尉治罪。张释之依照法律中偷盗宗庙服饰器物的条文，奏请判处偷盗者斩首。皇上勃然大怒说："这人胡作非为，居然偷盗先帝庙中的器物。我之所以交付廷尉审理，是想使他灭族，你却按照通常的法律条文奏请，这不是我恭敬承奉先人的本意。"张释

直言敢谏张释之

之脱帽叩头解释："这是依法判得最重的罪。况且斩首与灭族同是死罪，但以顺逆轻重的程度而论，是有差别的。今日他偷盗祖庙的器物便诛灭他的全族，假设有愚民偷挖了高祖的陵墓，陛下又该怎样加重对他的刑罚呢？"过了很久，文帝和薄太后商谈了这件事，于是便批准了廷尉的判决。当时，中尉条侯周亚夫和梁相山、都侯王恬开看到张释之判决公正，就同他结成亲密朋友。张释之由此受到天下人的称赞。

后文帝崩，景帝立，释之恐，称病。欲免去，惧大诛至；欲见谢，则未知何如。用王生计，卒见谢，景帝不过也。

◎**大意** 后来文帝驾崩，景帝即位。张释之想起得罪过景帝而心中害怕，便托病请假。他想辞职离开，又怕会招来更大更重的惩罚；想进宫当面谢罪，却又不知结果会如何。后来他采用了王先生的计策，终于进见景帝当面道歉，景帝没有责怪他。

王生者，善为黄老言，处士也。尝召居廷中，三公九卿尽会立，王生老人，曰"吾袜解"，顾谓张廷尉："为我结袜！"释之跪而结之。既已，人或谓王生曰："独奈何廷辱张廷尉，使跪结袜？"王生曰："吾老且贱，自度终无益于张廷尉。张廷尉方今天下名臣，吾故聊辱廷尉，使跪结袜，欲以重之。"诸公闻之，贤王生而重张廷尉。

◎**大意** 王先生，擅长黄老之术，是位隐居不仕的人。他曾经被征召进朝廷，公卿大臣都相聚而立，王先生是个老人，说："我的袜带掉了。"回头看张廷尉说："请给我把袜带系好！"张释之跪在地上给他把袜带系好了。过后，有人问王先生说："怎么偏偏在朝廷上当众侮辱张廷尉，让他跪下结袜带？"王先生说："我年老并且地位卑贱。自料终究不会有什么好处给张廷尉。张廷尉是当今天下的名臣，我姑且委屈一下他，让他跪下给我绑袜带，是想以此来提高他的声望。"各公卿听了这话，都称赞王先生而敬重张廷尉。

张廷尉事景帝岁余，为淮南王相，犹尚以前过也。久之，释之卒。其子曰张挚，字长公，官至大夫，免。以不能取容当世，故终身不仕。

◎**大意** 张廷尉侍奉景帝一年多，被降为淮南王相，还是因为以前得罪景帝。过了许久，张释之去世。他的儿子叫张挚，字长公，官做到大夫，被免职。由于他不善于讨好当权者，所以直到身死再没有做官。

神医扁鹊

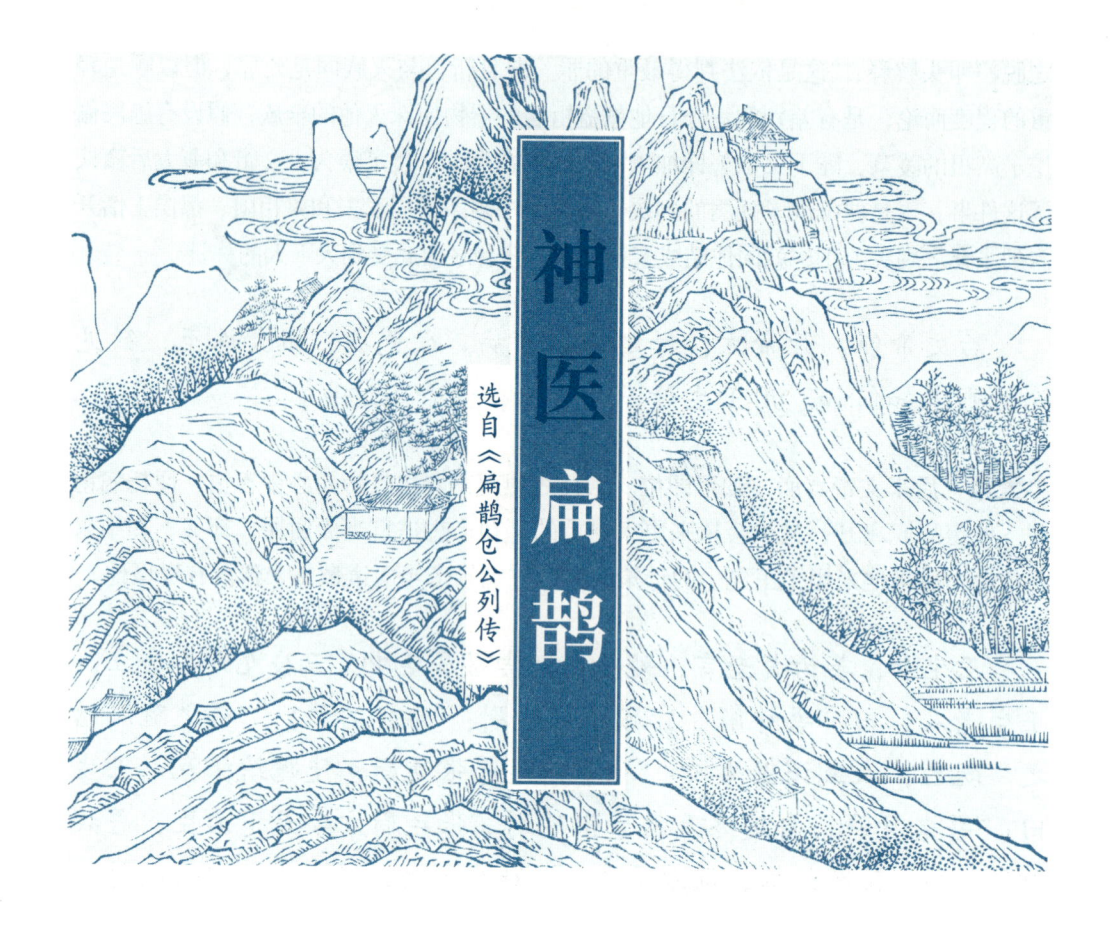

选自《扁鹊仓公列传》

扁鹊者，勃海郡郑（应为"鄚"）人也，姓秦氏，名越人。少时为人舍长。舍客长桑君过，扁鹊独奇之，常谨遇之。长桑君亦知扁鹊非常人也。出入十余年，乃呼扁鹊私坐，间与语曰："我有禁方，年老，欲传与公，公毋泄。"扁鹊曰："敬诺。"乃出其怀中药予扁鹊："饮是以上池之水，三十日当知物矣。"乃悉取其禁方书尽与扁鹊。忽然不见，殆非人也。扁鹊以其言饮药三十日，视见垣一方人。以此视病，尽见五藏症结，特以诊脉为名耳。为医或在齐，或在赵。在赵者名扁鹊。

◎**大意** 扁鹊是勃海郡鄚县人，姓秦，名叫越人。他年轻时给别人家做客馆的主事。客人长桑君造访这里，唯独扁鹊认为他是个非同寻常的人，对待他谨慎又恭敬。长桑君也看出扁鹊不是普通人。长桑君在客馆进出往来十多年，才叫扁鹊与自己单独坐在一起，避开别人，私下里对扁鹊说："我有秘方，因为年老，想传授给您，您不要把它泄露出去。"扁鹊恭敬地说："遵命！"于是长桑君从怀中取出药对扁鹊说："用未落地的露水将它服下，连服三十天就可以洞察事物了。"于是就拿出他全部的秘方医书交给扁鹊。转眼间长桑君就不见了，大概他不是凡人。扁鹊按照长桑君的话服药三十天，可以隔着墙壁看到另一边的人。扁鹊凭借这种本领看病，能够看清五脏病症所在，只是表面上还要为病人诊脉罢了。他行医有时在齐国，有时在赵国。在赵国时用扁鹊这个名字。

当晋昭公时，诸大夫强而公族弱，赵简子为大夫，专国事。简子疾，五日不知人，大夫皆惧，于是召扁鹊。扁鹊入视病，出，董安于问扁鹊，扁鹊曰："血脉治也，而何怪！昔秦缪公尝如此，七日而寤。寤之日，告公孙支与子舆曰：'我之帝所甚乐。吾所以久者，适有所学也。帝告我：晋国且大乱，五世不安。其后将霸，未老而死。霸者之子且令而国男女无别。'公孙支书而藏之，秦策于是出。夫献公之乱，文公之霸，而襄公败秦师于殽（崤）而归纵淫，此子之所闻。今主君之病与之同，不出三日必间，间必有言也。"

◎**大意** 晋昭公在位期间，各国大夫的势力强大而诸侯同族的势力弱小，赵简子是晋国大夫，独揽晋国政事。赵简子患病，昏迷五天不省人事，大夫们十分害怕，于是召见扁鹊。扁鹊进去为赵简子诊治，出来后，董安于询问扁鹊，扁鹊说："血脉正常，你们不必大惊小怪！秦穆公也曾有这种病症，七天后才醒过来，醒来的那天，他告诉公孙支和子舆说：'我到天帝那里了，很快乐。我在那里久留，是因为刚好遇到该学的东西。天帝告诉我：晋国将要有大的动乱，五世国君都不得安宁。此后的国君晋文公将会称霸，称霸不久他就会死去。霸主晋文公的儿子晋襄公将使你们国家的民风混乱。'公孙支把这些话记录并收藏起来，记载秦穆公离奇梦幻的史册就出现了。晋献公时的动乱，晋文公的称霸，以及晋襄公在崤山击败秦军而回国后放纵之事，这些您是知道的。现在主君跟秦穆公的症状一样，不超过三天他一定会清醒，醒后一定有话要说。"

居二日半，简子寤，语诸大夫曰："我之帝所甚乐，与百神游于钧天，广乐九奏万舞，不类三代之乐，其声动心。有一熊欲援我，帝命我射之，中熊，熊死。有罴（pí）来，我又射之，中罴，罴死。帝甚喜，赐我二笥（sì），皆有副。吾见儿在帝侧，帝属我一翟（狄）犬，曰：'及而子之壮也以赐之。'帝告我：'晋国且世衰，七世而亡。嬴姓将大败周人于范魁之西，而亦不能有也。'"董安于受言，书而藏之。以扁鹊言告简子，简子赐扁鹊田四万亩。

◎**大意**　两天半之后，赵简子醒了，对各位大夫说："我到天帝那里，很快乐，和众多的天神在天的中央遨游，听到多种乐器多次演奏乐曲，看到各种舞蹈表演，不像三代时的乐舞，它的声音令人心动。有一只熊要捉我，天帝命令我射杀它，我把它射死了。又有只罴来了，我又射它，把它射死了。天帝十分高兴，赐给我两个竹笥，都有装饰。我看见我的儿子在天帝身边，天帝交给我一只狄犬，说：'等你的儿子壮年时把狄犬赐给他。'天帝告诉我：'晋国将要逐渐衰落下去，七代灭亡。嬴姓国的人将在范魁的西边击败周人，但也不能占有他们的领地。'"董安于听了这番话，记下并收藏了起来。他将扁鹊所说的话转告赵简子，赵简子赏赐给扁鹊四万亩田地。

其后扁鹊过虢（guó）。虢太子死，扁鹊至虢宫门下，问中庶子喜方者曰："太子何病，国中治穰（禳）过于众事？"中庶子曰："太子病血气不时，交错而不得泄，暴发于外，则为中害。精神不能止邪气，邪气畜积而不得泄，是以阳缓而阴急，故暴蹶而死。"扁鹊曰："其死何如时？"曰："鸡鸣至今。"曰："收乎？"曰："未也，其死未能半日也。""言臣齐勃海秦越人也，家在于郑，未尝得望精光，侍谒于前也。闻太子不幸而死，臣能生之。"中庶子曰："先生得无诞之乎？何以言太子可生也！臣闻上古之时，医有俞跗（fū），治病不以汤液醴（lǐ）酒、镵（chán）石挢（jiǎo）引、案（按）扤（wù）毒熨（yù），一拨见病之应，因五藏之输（腧），乃割皮解肌，诀（决）脉结筋，搦（nuò）髓脑，揲（shé）荒（肓）爪幕（膜），湔（jiān）浣肠胃，漱涤五藏，练精易形。先生之方能若是，则太子可生也；不能若是而欲生之，曾不可以告咳婴之儿。"终日，扁鹊仰天叹曰："夫子之为方也，若以管窥天，以隙视文。越人之为方也，不待切脉、望色、听声、写形，言病之所在。闻病之阳，论得其阴；闻病之阴，论得其阳。病应见于大表，不出千里，决者至众，不可曲止也。子以吾言为不诚，试入诊太子，当闻其耳鸣而鼻张，循其两股以至于阴，当尚温也。"

◎**大意** 之后扁鹊经过虢国。虢国的太子死了，扁鹊到虢国宫室门外，问一位喜爱方技的中庶子说："太子得了什么病，令城中的祈祷活动超过了其他所有的事情？"中庶子说："太子生病是因为血气不按正常规律运行，交错郁结而不能宣泄，发作于体表，使内脏受到伤害。人体的正气压制不了邪气，邪气积聚在体内不能宣泄，因此阳脉弛缓而阴脉拘急，以至突然昏厥而死。"扁鹊问："他死去多久了？"中庶子回答："丑时到现在。"扁鹊又问："收殓了吗？"中庶子回答："没有收殓，太子死了还不到半天。""请通报说我是齐国勃海的秦越人，家住在鄚县，未曾瞻仰国君的风采，未能侍奉在他身边。听说太子不幸而死，我能让他起死回生。"中庶子说："先生不是在诓骗我吧？凭什么说太子可以死而复生？我听说上古时候，有位叫俞跗的名医，治病不使用汤剂药酒、针灸按摩、药敷患处，一经诊察就知道病的症候，顺着人体五脏的穴位，切开皮肤和肌肉，疏导血脉，梳理筋腱，按治髓脑，触动膏肓，梳理膈膜，清洗肠胃，洗涤五脏，修炼精气，改换形体。如果您的医术能如此高明，那么太子就能复生；如果您的医术没有这么高明，而说能让太子活过来，连刚会发笑的婴儿都不会相信。"过了很久，扁鹊仰天叹息说："您的医术，好比从竹管中窥视天空，从缝隙中观察斑纹。我的医术，不用给病人切脉、观察气色、听辨声音、查看体态，就能说出病症所在。诊察病人外在的症状，就能得知病人内在的症状；诊察病人内在的症状，就能得知病人外在的症状。体内的病症会反应在体表，即便病人远在千里，也能据此推测他的吉凶，诊断的方法有很多，无法一一向您解释其中原委。如果您认为我说得不对，请进去诊看太子，您会听到他耳朵鸣响，看到他鼻翼翕动。顺着他的两条腿向上直到阴部，应当还有体温。"

中庶子闻扁鹊言，目眩然而不瞚（瞬），舌挢然而不下，乃以扁鹊言入报虢君。虢君闻之大惊，出见扁鹊于中阙，曰："窃闻高义之日久矣，然未尝得拜谒于前也。先生过小国，幸而举之，偏国寡臣幸甚。有先生则活，无先生则弃捐填沟壑，长终而不得反（返）。"言未卒，因嘘唏服（腷）臆，魂精泄横，流涕长潸（shān），忽忽承睫，悲不能自止，容貌变更。扁鹊曰："若太子病，所谓'尸蹶'者也。夫以阳入阴中，动胃繵（缠）缘，中经维络，别下于三焦、膀胱，是以阳脉下遂（坠），阴脉上争，会气闭而不通，阴上而阳内行，下内鼓而不起，上外绝而不为，使上有绝阳之络，下有破阴之纽，破阴绝阳，色废脉乱，故形静如死状。太子未死也。夫以阳入阴支兰（拦）藏者生，以阴入阳支兰（拦）藏者死。凡此数事，皆五藏蹙中之时暴作也。良工取之，拙者疑殆。"

◎**大意** 中庶子听了扁鹊的话，惊讶得目瞪口呆，于是进去把扁鹊的话报告给虢国君，国君听了非常惊讶，出来到中阙接见扁鹊，说："我早就听说过您高尚的德行，却未能有幸当面拜见。先生路过我们这个小国家，如果能得到您的帮助，处在偏远小国的我就十分幸运了。有了先生我的儿子就能活命，没有先生我儿子就要病死埋葬在山谷之中，永远不能返回人世。"他没说完，就唏嘘哀叹，气息郁结，神情恍惚，泪水长垂，不停哭泣，悲伤得不能自制，容貌都变了模样。扁鹊说："太子这样的症状，是所谓的'尸蹙'。由于阳气下陷于阴，缠绕胃部，使胃受伤，经脉受损，络脉受阻，下陷于下焦、膀胱，因此阳脉下坠，阴脉上浮，阴气阳气交会处闭塞不通，阴气上逆，阳气内行，阳气在身体下部和内部鼓动不升，居上居外的阳气被隔绝而不能引导阴气。这使得身体上部有隔绝阳气的络脉，下部有破坏阴气的筋纽，阴气破坏、阳气断绝，容颜失常，血脉紊乱，所以身体安静如同死人。太子没有死。因阳侵入阴而阻隔脏气的病人是可以救活的，因阴侵入阳而阻隔脏气的病人是救不活的。凡是这几种情况，都在五脏失调的时候突然发作。高明的医生能够救治，拙劣的医生就会疑惑不解。"

扁鹊乃使弟子子阳厉针砥石，以取外三阳五会。有间，太子苏。乃使子豹为五分之熨，以八减之齐（剂）和煮之，以更熨两胁下。太子起坐。更适阴阳，但服汤，二旬而复故。故天下尽以扁鹊为能生死人。扁鹊曰："越人非能生死人也，此自当生者，越人能使之起耳。"

◎**大意** 扁鹊就让弟子子阳在石头上磨针，用针刺太子的百会穴。过了不久，太子苏醒。于是扁鹊让子豹准备五分剂量的熨药，用八减之方的汤剂煎煮交替熨帖两胁下部。太子坐了起来。再进一步调适阴阳，仅服汤药，太子二十天就完全康复了。所以天下人都认为扁鹊能使人起死回生。扁鹊说："我并非能让死人复生，这是他自身应当活过来的，我只是能让他恢复罢了。"

神医扁鹊

　　扁鹊过齐，齐桓侯客之。入朝见，曰："君有疾在腠（còu）理，不治将深。"桓侯曰："寡人无疾。"扁鹊出，桓侯谓左右曰："医之好利也，欲以不疾者为功。"后五日，扁鹊复见，曰："君有疾在血脉，不治恐深。"桓侯曰："寡人无疾。"扁鹊出，桓侯不悦。后五日，扁鹊复见，曰："君有疾在肠胃间，不治将深。"桓侯不应。扁鹊出，桓侯不悦。后五日，扁鹊复见，望见桓侯而退走。桓侯使人问其故。扁鹊曰："疾之居腠理也，汤熨之所及也；在血脉，针石之所及也；其在肠胃，酒醪（láo）之所及也；其在骨髓，虽司命无奈之何。今在骨髓，臣是以无请也。"后五日，桓侯体病，使人召扁鹊，扁鹊已逃去。桓侯遂死。

◎**大意**　扁鹊路过齐国，齐桓侯用招待宾客的礼节招待他。扁鹊入朝拜见齐桓侯，说："您皮肤和肌肉之间有病，不治疗恐怕会加重。"齐桓侯说："我没有病。"扁鹊退出，齐桓侯对身边的侍臣说："医生希望得利，想拿没有病的人显示自己的本领。"过了五天，扁鹊又去拜见，说："您的病已至血液中，不治疗恐怕会加重。"齐桓侯说："我没有病。"扁鹊退出，齐桓侯不高兴。过了五天，扁鹊又去拜见，说："您的病已至肠胃间，不治疗将会加重。"齐桓侯不回应他。扁鹊退出，齐桓侯不高兴。过了五天，扁鹊又去拜见，远远看到桓侯就退出走开。齐桓侯派人问扁鹊原因。他说："病在皮肤和肌肉间，汤药和熨药可以治疗；病在血脉，针刺和砭石可以治疗；病在肠胃，药酒可以治疗；病在骨髓，掌管人生死的神也无法救治。现在他的病已经深入骨髓，因此我不再请求为他治疗了。"过了五天，齐桓侯患了重病，派人召扁鹊，扁鹊已经逃走。齐桓侯遂病死。

　　使圣人预知微，能使良医得蚤（早）从事，则疾可已，身可活也。人之所病，病疾多；而医之所病，病道少。故病有六不治：骄恣不论于理，一不治也；轻身重财，二不治也；衣食不能适，三不治也；阴阳并，藏气不定，四不治也；形羸（léi）不能服药，五不治也；信巫不信医，六不治也。有此一者，则重难治也。

◎**大意**　如果圣人能够预先知道还没显露出外部症状的疾病，能让高明的医生尽早治疗，那么疾病可以治愈，病人可以活命。人们所担忧的，是疾病种类繁多；而医生所发愁的，是医治疾病的方法少。所以在六种情况下无法医治疾病：骄横放纵不讲道理，是第一种情况；轻视身体而看重钱财，是第二种情况；衣着饮食不能调节适当，是第三种情况；阴阳混乱，五脏功能紊乱，是第四种情况；形体极度瘦弱而不能吃药，是第五种情况；相信巫术而不相信医术，是第六种情况。有以上的一种情况，疾病就非常难治。

扁鹊名闻天下。过邯郸，闻贵妇人，即为带下医；过雒阳，闻周人爱老人，即为耳目痹医；来入咸阳，闻秦人爱小儿，即为小儿医：随俗为变。秦太医令李醯（xī）自知伎（技）不如扁鹊也，使人刺杀之。至今天下言脉者，由扁鹊也。

◎**大意** 扁鹊的名声传遍天下。他路过邯郸，听说人们尊重妇女，就当妇科医生；路过雒阳，听说周地的人敬爱老人，就当治耳鸣眼花、四肢麻痹的医生；到了咸阳，听说秦地人喜爱小孩，就当儿科医生。这是随各地习俗而改变行医的重点。秦国的太医令李醯自知医术不如扁鹊，就派人刺杀了他。直到现在天下谈论脉诊的人，都以扁鹊为宗。

飞将军李广

选自《李将军列传》

　　李将军广者，陇西成纪人也。其先曰李信，秦时为将，逐得燕太子丹者也。故槐里，徙成纪。广家世世受射。孝文帝十四年，匈奴大入萧关，而广以良家子从军击胡，用善骑射，杀首虏多，为汉中郎。广从弟李蔡亦为郎，皆为武骑常侍，秩八百石。尝从行，有所冲陷折关及格猛兽，而文帝曰："惜乎，子不遇时！如令子当高帝时，万户侯岂足道哉！"

◎**大意**　李广将军，是陇西郡成纪县人。他的先祖叫李信，秦朝时任将军，就是追获燕国太子丹的人。原来住在槐里县，后来迁移到成纪县。李广家世代传习射箭之术。汉文帝十四年（前166年），匈奴大举侵入萧关，李广以良家子弟的身份从军抗击匈奴，因为他善于骑射，斩杀、俘虏敌人很多，任汉中郎。李广的堂弟李蔡也任郎官，二人又都任武骑常侍，官阶是八百石。李广曾随从皇帝出行，冲锋陷阵抵御敌人，并能格杀猛兽，因而汉文帝说："可惜啊，你没遇到时机！如果让你正赶上高祖的时代，封万户侯不在话下！"

及孝景初立，广为陇西都尉，徙为骑郎将。吴楚军时，广为骁骑都尉，从太尉亚夫击吴楚军，取旗，显功名昌邑下。以梁王授广将军印，还，赏不行。徙为上谷太守，匈奴日以合战。典属国公孙昆邪为上泣曰："李广才气，天下无双，自负其能，数与虏敌战，恐亡之。"于是乃徙为上郡太守。后广转为边郡太守，徙上郡。尝为陇西、北地、雁门、代郡、云中太守，皆以力战为名。

◎**大意** 等到景帝即位，李广任陇西都尉，调任骑郎将。吴楚七国起兵叛乱时，李广任骁骑都尉，随从太尉周亚夫攻打叛军，在昌邑城下夺得帅旗，从此扬名。由于梁王私自授予李广将军印信，回朝后，朝廷没有对他进行封赏。调任上谷郡太守，匈奴每天来交战。典属国公孙昆邪对皇上哭着说："李广的才气，天下无双，他自恃有本领，屡次和敌人正面作战，恐怕他会牺牲。"于是调任上郡太守。后来李广转任边境各郡太守，又调任上郡太守。他曾任陇西、北地、雁门、代郡和云中郡太守，都以奋力作战而出名。

匈奴大入上郡，天子使中贵人从广勒习兵击匈奴。中贵人将骑数十纵，见匈奴三人，与战。三人还射，伤中贵人，杀其骑且尽。中贵人走广。广曰："是必射雕者也。"广乃遂从百骑往驰三人。三人亡马步行，行数十里。广令其骑张左右翼，而广身自射彼三人者，杀其二人，生得一人，果匈奴射雕者也。已缚之上马，望匈奴有数千骑，见广，以为诱骑，皆惊，上山陈（阵）。广之百骑皆大恐，欲驰还走。广曰："吾去大军数十里，今如此以百骑走，匈奴追射我立尽。今我留，匈奴必以我为大军之诱，必不敢击我。"广令诸骑曰："前！"前未到匈奴陈（阵）二里所，止。令曰："皆下马解鞍！"其骑曰："虏多且近，即有急，奈何？"广曰："彼虏以我为走，今皆解鞍以示不走，用坚其意。"于是胡骑遂不敢击。有白马将出护其兵，李广上马，与十余骑奔射杀胡白马将，而复还至其骑中，解鞍，令士皆纵马卧。是时会暮，胡兵终怪之，不敢击。夜半时，胡兵亦以为汉有伏军于旁欲夜取之，胡皆引兵而去。平旦，李广乃归其大军。大军不知广所之，故弗从。

◎ **大意** 匈奴大举侵入上郡，天子派得宠的宦官随李广统率兵士抗击匈奴。这位得宠的宦官带着几十名骑兵放马驰骋，遇见三个匈奴人，就和他们交战。三个匈奴人转身射箭，射伤了这位得宠的宦官，把他带领的骑兵几乎全部射死。这位得宠的宦官逃到李广那里。李广说："这一定是射雕手。"李广就带领一百骑兵追赶那三个人。那三个人失去马匹而步行，走了几十里。李广命令他的骑兵左右散开，而李广亲自射那三个人，射死二人，活捉一人，发现果然是匈奴的射雕手。捆绑那个人上马后，望见几千匈奴骑兵。他们看见李广，以为是引诱他们的骑兵，都很吃惊，上山摆好阵势。李广的一百骑兵都大为惊恐，想快马往回跑。李广说："我们离开大军几十里，在这样的情况下往回跑，匈奴人追上来射击，我们就死定了。现在我们停留在这里，匈奴人一定认为我们是大军的诱敌者，一定不敢攻击我们。"李广命令骑兵说："前进！"进到离匈奴军阵约二里的地方，停下来。李广命令说："都下马解下马鞍！"他的骑兵说："敌人很多并且离得近，倘若有紧急情况，怎么办？"李广说："那些敌人以为我们会跑，现在我们都解下马鞍表示不跑，用这种办法来强化他们的猜疑。"于是匈奴的骑兵最终不敢攻击。有一个骑白马的匈奴将领出阵监护他的士兵，李广立即上马和十几名骑兵一起奔驰，射死那个骑白马的匈奴将领，然后又回到他的骑兵当中，解下马鞍，让士兵都放开马，随便躺卧。这时正值日暮，匈奴兵始终捉摸不定，不敢进攻。半夜时分，匈奴兵认为汉军在附近埋伏，要乘夜袭击他们，因此领兵撤离了。第二天清晨，李广才回到大军中。大军不知道李广去的地方，所以没有去接应。

居久之，孝景崩，武帝立，左右以为广名将也，于是广以上郡太守为未央卫尉，而程不识亦为长乐卫尉。程不识故与李广俱以边太守将军屯。及出击胡，而广行无部伍行阵，就善水草屯，舍止，人人自便，不击刁斗以自卫，莫（幕）府省约文书籍事，然亦远斥候，未尝遇害。程不识正部曲行（háng）伍营陈（阵），击刁斗，士吏治军簿至明，军不得休息，然亦未尝遇害。不识曰："李广军极简易，然虏卒（猝）犯之，无以禁也；而其士卒亦佚（逸）乐，咸乐为之死。我军虽烦扰，然虏亦不得犯我。"是时汉边郡李广、程不识皆为名将，然匈奴畏李广之略，士卒亦多乐从李广而苦程不识。

程不识孝景时以数直谏为太中大夫。为人廉，谨于文法。

◎**大意** 过了很久，汉景帝崩逝，武帝即位，左右侍臣认为李广是名将，于是李广由上郡太守调任未央宫卫尉。而程不识也任长乐宫卫尉。程不识从前和李广都以边郡太守的身份统率军队驻防。出兵攻打匈奴时，李广行军没有严格的编制、列队和阵势，靠近良好的水源草地驻扎下来，停留住宿，人人自便。晚上不敲刁斗巡逻，幕府的文书簿籍一概从简，但是也在远处布置侦查哨兵，所以没有遭遇过危险。程不识严格要求编制、队列和阵势，晚上敲刁斗巡逻，军官兵士处理军事文件到天亮，军队得不到休息，可是也没有遭遇过危险。程不识说："李广的军队十分随便，如果敌人突然袭击，他们就无法招架了；但他的士兵安逸快乐，都乐于为他拼死。我的军队虽然紧张忙碌，但是敌人也不敢侵犯我们。"这个时期的汉边郡太守李广、程不识都是名将，但是匈奴畏惧李广的谋略，士兵也都喜欢跟随李广而苦于跟随程不识。程不识在汉景帝时因屡次直言劝谏而任太中大夫。他为人廉洁，谨守文书、法令。

后汉以马邑城诱单于，使大军伏马邑旁谷，而广为骁骑将军，领属护军将军。是时单于觉之，去，汉军皆无功。其后四岁，广以卫尉为将军，出雁门击匈奴。匈奴兵多，破败广军，生得广。单于素闻广贤，令曰："得李广必生致之。"胡骑得广，广时伤病，置广两马间，络而盛卧广。行十余里，广详（佯）死，睨（nì）其旁有一胡儿骑善马，广暂腾而上胡儿马，因推堕儿，取其弓，鞭马南驰数十里，复得其余军，因引而入塞。匈奴捕者骑数百追之，广行取胡儿弓，射杀追骑，以故得脱。于是至汉，汉下广吏。吏当广所失亡多，为虏所生得，当斩，赎为庶人。

◎**大意** 后来，汉朝廷用马邑城引诱单于，派大军埋伏在马邑附近的山谷中，而李广担任骁骑将军，由护军将军韩安国统领。当时单于发觉了汉军的计谋，就逃跑了。汉军都没有战功。四年以后，李广由卫尉调任将军，从雁门郡出击匈奴。匈奴兵多，打败了李广的军队，并生擒了李广。单于一向听说李广有才能，下命令说："俘获李广一定要活着送来。"匈奴骑兵俘虏了李广，李广当时有伤病，他们把李广安置在两马之间，把绳索结成网让李广躺在上面。走了十多里，李广假装死去，斜眼看到他旁边的一个匈奴少年骑着一匹好马，于是突然跳到那匹马上，趁势把少年推下去，夺了他的弓箭，用鞭抽马向南跑了几十里，又收集了残余军队，就带

飞将军**李广**

领残军进入边塞。数百名匈奴骑兵追赶他，李广一边跑一边拿起那个匈奴少年的弓箭，射死追来的骑兵，因此得以脱身。于是李广回到汉境内，汉朝廷把李广交给执法官吏。执法官判决李广统率军队损失伤亡太多，自己又被敌人活捉，应该被斩首。李广用钱物赎了死罪，被削职为民。

顷之，家居数岁。广家与故颍阴侯孙屏野居蓝田南山中射猎。尝夜从一骑出，从人田间饮。还至霸陵亭，霸陵尉醉，呵止广。广骑曰："故李将军。"尉曰："今将军尚不得夜行，何乃故也！"止广宿亭下。居无何，匈奴入杀辽西太守，败韩将军，韩将军后徙右北平。于是天子乃召拜广为右北平太守。广即请霸陵尉与俱，至军而斩之。

◎**大意** 转眼间，李广在家闲居数年。李广和已故颍阴侯灌婴的孙子灌强一起隐居在蓝田，常到南山中打猎。曾在一个夜里带着一名骑士外出，跟别人在田野间饮酒。回到霸陵亭，霸陵亭尉喝醉了，呵斥阻止李广。李广的随从骑士说："这是以前的李将军。"霸陵亭尉说："现任将军尚且不能夜间通过，何况是前任呢！"便扣留了李广，让他停宿在霸陵亭下。过了不久，匈奴入侵杀死辽西太守，打败了将军韩安国，后来韩安国被调到右北平。于是天子就召见李广，任他为右北平太守。李广便请求派霸陵亭尉跟他一起去，到了军中就杀了霸陵亭尉。

广居右北平，匈奴闻之，号曰"汉之飞将军"，避之，数岁不敢入右北平。

◎**大意** 李广守右北平，匈奴听说后，称他为"汉之飞将军"，躲避他好几年，不敢侵入右北平。

广出猎，见草中石，以为虎而射之，中石没镞（zú），视之，石也。因复更射之，终不能复入石矣。广所居郡闻有虎，尝自射之。及居右北平，射虎，虎腾伤广，广亦竟射杀之。

◎**大意** 李广出外打猎，看到草丛中的石头，以为是老虎，就向它射去，射中石头，连箭头都射进去了，走近一看，原来是石头。接着重新再射，始终不能再射入石头了。李广驻守过各郡，听说有老虎，常常亲自去射杀。他驻守右北平时，有一次射老虎，老虎跳起来扑伤了他，但他也终于射死了老虎。

广廉，得赏赐辄分其麾下，饮食与士共之。终广之身，为二千石四十余年，家无余财，终不言家产事。广为人长，猿臂，其善射亦天性也，虽其子孙他人学者，莫能及广。广讷（nè）口少言，与人居则画地为军陈（阵），射阔狭以饮。专以射为戏，竟死。广之将兵，乏绝之处，见水，士卒不尽饮，广不近水，士卒不尽食，广不尝食。宽缓不苛，士以此爱乐为用。其射，见敌急，非在数十步之内，度不中不发，发即应弦而倒。用此，其将兵数困辱，其射猛兽亦为所伤云。

◎**大意** 李广为官清廉，得到赏赐就分给部下，饮食总与士兵在一起。李广一辈子任二千石俸禄的官共四十多年，家里没有多余的财物，始终不谈购置家产的事。李广身材高大，两臂如猿，他擅长射箭也是天赋，即使是他的子孙和别的学他射箭的人，也没有人能赶得上他。李广口才笨拙不多说话，和别人在一起就在地上画军阵，比谁射箭射得准，输了的罚喝酒。他专以射箭为快，一直到死。李广带兵行军，遇到缺水断粮的时候，士兵还没有喝足水，李广就不接近水；士兵还没有吃饱饭，李广一口饭也不吃。他对待士兵宽厚和缓而不苛求，士兵因此甘愿为他所用。他的射箭方法是，看见敌人逼近，如果不在数十步之内，估计射不中，就不发箭，只要一发射，敌人立即应弦倒地。但也因为这样，他带兵屡次遭围困受辱，射猛兽也曾被猛兽伤害过。

居顷之，石建卒，于是上召广代建为郎中令。元朔六年，广复为后将军，从大将军军出定襄，击匈奴。诸将多中首虏率，以功为侯者，而广军无功。后二岁，广以郎中令将四千骑出右北平，博望侯张骞将万骑与广俱，异道。行可数百里，匈奴左贤王将四万骑围广，广军士皆恐，广乃使其子敢往驰之。敢独与数十骑驰，直贯胡骑，出其左右而还，告广曰："胡虏易与耳。"军士乃安。广为圜（圆）陈（阵）外乡（向），胡急击之，矢下如雨。汉兵死者过半，汉矢且尽。广乃令士持满毋发，而广身自以大黄射其裨将，杀数人，胡虏益解。会日暮，吏士皆无人色，而广意气自如，益治军。军中自是服其勇也。明日，复力战，而博望侯军亦至，匈奴军乃解去。汉军罢（疲），弗能追。是时广军几没，罢归。汉法，博望侯留迟后期，当死，赎为庶人。广军功自如，无赏。

飞将军**李广**

◎**大意** 过了不久，郎中令石建去世了，于是皇上召李广，让他接替石建为郎中令。元朔六年，李广又调任后将军，跟随大将军的军队自定襄郡出发，征伐匈奴。各将领多有杀敌俘敌达到规定数额而因功封侯的，李广却没有功劳。三年过后，李广以郎中令的身份率领四千骑兵从右北平出发，博望侯张骞率领一万骑兵和李广同行，分两路走。行军约几百里，匈奴左贤王带领四万骑兵包围了李广，李广的士兵都很恐惧，李广就派他的儿子李敢快马冲击敌人。李敢带几十骑兵飞奔而去，直穿匈奴骑兵的包围圈，抄出敌人的左右两翼而回，报告李广说："匈奴兵容易对付。"士兵才安心。李广布成圆形阵势向着四处，匈奴猛攻他们，箭下如雨。汉兵死亡人数超过一半，汉军的箭将要用完。李广下令叫士兵把弓拉圆不要放开，而李广亲自用大黄弩弓射敌副将，射死了几个，匈奴人才渐渐散开。这时天色已晚，军官兵士都面无人色，可是李广的神气同平常一样，更加精神振奋地指挥军队。军中从此佩服他的勇气。第二天，又去奋力战斗，博望侯的军队赶到后，匈奴军队才解围而去。汉军疲乏了，不能追击。这时李广的军队几乎覆没，收兵退回。按汉朝廷的法律，博望侯行军迟缓，延误限期，应当处以死刑，用钱赎罪而降为平民。李广的功劳和罪责相当，没有被封赏。

  初，广之从弟李蔡与广俱事孝文帝。景帝时，蔡积功劳至二千石。孝武帝时，至代相。以元朔五年为轻车将军，从大将军击右贤王，有功中率，封为乐安侯。元狩二年中，代公孙弘为丞相。蔡为人在下中，名声出广下甚远，然广不得爵邑，官不过九卿，而蔡为列侯，位至三公。诸广之军吏及士卒或取封侯。广尝与望气王朔燕语，曰："自汉击匈奴而广未尝不在其中，而诸部校尉以下，才能不及中人，然以击胡军功取侯者数十人，而广不为后人，然无尺寸之功以得封邑者，何也？岂吾相不当侯邪？且固命也？"朔曰："将军自念，岂尝有所恨乎？"广曰："吾尝为陇西守，羌尝反，吾诱而降，降者八百余人，吾诈而同日杀之。至今大恨独此耳。"朔曰："祸莫大于杀已降，此乃将军所以不得侯者也。"

◎**大意** 当初，李广的堂弟李蔡与李广一同在文帝朝为官。到景帝时，李蔡积累功劳做到二千石的官位。武帝时，做到代国的国相。元朔五年任轻车将军，跟随大将军出击右贤王有功，达到了封赏的标准，被封为乐安侯。元狩二年中，代替公孙弘为丞相。李蔡的才干在下等之中，声名远在李广之下，但是李广没有得到爵位和封邑，官职没有超过九卿，而李蔡被封为列侯，职位达到了三公。李广属下的军官和士兵，也有人得到了侯爵之封。李广曾和望气的术士王朔闲谈，说："从汉军出击匈奴以来，我没有一次不在其中，可是各支军队校尉以下的军官，才能够不上中等人，却因为出击匈奴有军功而取得侯爵的有几十人，我不甘人后，可是没有点滴的功劳来取得封邑，这是什么原因呢？难道我的面相不该封侯吗？还是命里注定的呢？"王朔说："将军自己回想一下，做过让自己悔恨的事吗？"李广说："我曾任陇西太守，羌人反叛，我引诱他们投降，投降的有八百多人，我用欺骗的手段在当天杀死了他们。到现在最大的悔恨就是这件事。"王朔说："能使人受祸的事，没有比杀死已投降的人更大的了，这就是将军不能被封侯的原因。"

　　后二岁，大将军、骠（piào）骑将军大出击匈奴，广数自请行。天子以为老，弗许；良久乃许之，以为前将军。是岁，元狩四年也。

◎**大意**　　两年后，大将军卫青、骠骑将军霍去病大举出兵攻打匈奴，李广几次主动请求随行，天子认为他老了，没有允许；过了好久才允许，任命为前将军。这一年是元狩四年。

　　广既从大将军青击匈奴，既出塞，青捕虏知单于所居，乃自以精兵走之，而令广并于右将军军，出东道。东道少回远，而大军行水草少，其势不屯行。广自请曰："臣部为前将军，今大将军乃徙令臣出东道，且臣结发而与匈奴战，今乃一得当单于，臣愿居前，先死单于。"大将军青亦阴受上诫，以为李广老，数奇（jī），毋令当单于，恐不得所欲。而是时公孙敖新失侯，为中将军从大将军，大将军亦欲使敖与俱当单于，故徙前将军广。广时知之，固自辞于大将军。大将军不听，令长史封书与广之莫（幕）府，曰："急诣部，如书。"广不谢大将军而起行，意甚愠怒而就部，引兵与右将军食其合军出东道。军亡导，或失道，后大将军。大将军与单于接战，单于遁走，弗能得而还。南绝幕（漠），遇前将军、右将军。广已见大将军，还入军。大将军使长史持糒醪（bèi láo）遗广，因问广、食其失道状，青欲上书报天子军曲折。广未对，大将军使长史急责广之幕府对簿。广曰："诸校尉无罪，乃我自失道。吾今自上簿。"

◎**大意** 李广跟随大将军卫青出击匈奴，出边塞后，卫青捉到俘虏而得知了单于住的地方，就亲自率领精兵突击单于，而命令李广的军队跟右将军赵食其的军队合并，从东路出击。东路稍微迂回绕远，而大军行经水草稀少的地方，势必不能聚集行进。李广亲自请求说："我所率部是前将军，现在大将军却改让我从东路出兵，况且我从年轻时候起就和匈奴打仗，今天才有一次可与单于对战的机会，我愿意担任前锋，先同单于决一死战。"大将军卫青曾暗中受到皇上嘱咐，认为李广年老，且运气不好，不要让他正面同单于对阵，恐怕不能实现俘获单于的愿望。那时公孙敖刚刚丢掉了侯爵，任中将军，随从大将军出征，大将军也想让公孙敖跟自己一起与单于对敌，故意把前将军李广调开。李广当时也知道内情，所以坚决要求大将军收回调令。大将军不答应他的请求，命令长史写文书发到李广的幕府，并对他说："赶快到右将军部队中去，照文书上写的办。"李广不向大将军告辞就起程了，心中非常恼怒地前往军部，领兵与右将军赵食其合兵后从东路出发。军队没有向导，又迷了路，落在大将军后面。大将军与单于交战，单于逃跑了，卫青没有战果只好回兵。大军向南通过沙漠，才遇到前将军和右将军。李广谒见大将军后，回到自己军中。大将军派长史拿着酒食送给李广，顺便问李广、赵食其迷路的情况。李广没有回答，大将军派长史追令李广的幕府人员前去听候审问。李广说："各位校尉无罪，是我自己迷了路。现在我亲自前去受审对质。"

　　至莫（幕）府，广谓其麾下曰："广结发与匈奴大小七十余战，今幸从大将军出接单于兵，而大将军又徙广部行回远，而又迷失道，岂非天哉！且广年六十余矣，终不能复对刀笔之吏。"遂引刀自刭。广军士大夫一军皆哭。百姓闻之，知与不知，无老壮皆为垂涕。而右将军独下吏，当死，赎为庶人。

◎**大意** 李广到了幕府，对他的部下说："我从年轻时候起与匈奴打过大大小小七十多次战斗，这次有幸跟随大将军迎战单于的军队，可是大将军又调我的军队走迂回遥远的路，又迷了路，怎不是天意呀！我六十多岁了，实不能再受刀笔狱吏的侮辱。"李广便拔刀自杀了。李广部下官兵全都哭了。百姓听到这件事，无论认识的不认识的，无论年老的年轻的都为他流泪。而右将军赵食其被送交法官，判处死刑，出钱赎罪而降为平民。

赋圣司马相如

选自《司马相如列传》

　　司马相如者,蜀郡成都人也,字长卿。少时好读书,学击剑,故其亲名之曰犬子。相如既学,慕蔺相如之为人,更名相如。以赀(资)为郎,事孝景帝,为武骑常侍,非其好也。会景帝不好辞赋,是时梁孝王来朝,从游说之士齐人邹阳、淮阴枚乘、吴庄忌夫子之徒,相如见而说(悦)之,因病免,客游梁。梁孝王令与诸生同舍,相如得与诸生游士居数岁,乃著《子虚》之赋。

◎**大意**　司马相如是蜀郡成都人,字长卿。少年时喜爱读书、学习击剑,他的父母给他取名"犬子"。相如完成学业后,因仰慕蔺相如的为人,改名相如。他依靠家资成为郎官,在景帝朝为官,做了武骑常侍,但这原非他的志向。适值景帝不喜欢辞赋，当时梁孝王来京城朝拜景帝，随从来京的有邹阳、枚乘、庄忌等游说之士，相如一见就喜欢上了他们，于是借口有病辞去了官职，旅居梁国。梁孝王让他和那些文人住在一起，相如得以和那些文人及游说之士相处多年，在此期间写下了《子虚赋》。

　　会梁孝王卒，相如归，而家贫，无以自业。素与临邛令王吉相善，吉曰："长卿久宦游不遂，而来过我。"于是相如往，舍都亭。临邛令缪（miù）为恭敬，日往朝相如。相如初尚见之，后称病，使从者谢吉，吉愈益谨肃。临邛中多富人，而卓王孙家僮八百人，程郑亦数百人，二人乃相谓曰："令有贵客，为具召之。"并召令。令既至，卓氏客以百数。至日中，谒司马长卿，长卿谢病不能往，临邛令不敢尝食，自往迎相如。相如不得已，强往，一坐尽倾。酒酣，临邛令前奏琴曰："窃闻长卿好之，愿以自娱。"相如辞谢，为鼓一再行。是时卓王孙有女文君新寡，好音，故相如缪与令相重，而以琴心挑之。相如之临邛，从车骑，雍容闲雅甚都；及饮卓氏，弄琴，文君窃从户窥之，心悦而好之，恐不得当也。既罢，相如乃使人重赐文君侍者通殷勤。文君夜亡奔相如，相如乃与驰归成都。家居徒四壁立。卓王孙大怒曰："女至不材，我不忍杀，不分一钱也。"人或谓王孙，王孙终不听。文君久之不乐，曰："长卿第俱如临邛，从昆弟假贷犹足为生，何至自苦如此！"相如与俱之临邛，尽卖其车骑，买一酒舍酤酒，而令文君当炉。相如身自著犊鼻裈（kūn），与保庸杂作，涤器于市中。卓王孙闻而耻之，为杜门不出。昆弟诸公更谓王孙曰："有一男两女，所不足者非财也。今文君已失身于司马长卿，长卿故倦游，虽贫，其人材足依也，且又令客，独奈何相辱如此！"卓王孙不得已，分予文君僮百人，钱百万，及其嫁时衣被财物。文君乃与相如归成都，买田宅，为富人。

◎**大意**　后来梁孝王去世，相如只好回到成都，而家中贫穷，没有维持生计的事可做。他一向与临邛县令王吉有交情，王吉曾经说："长卿如果多年做官不满意，可以到我这儿来。"于是相如到了临邛，住在城郭下的一座小亭中。王吉假装对相如很恭敬，每天去拜访他。起初相如还接见他，后来就称说有病，让随从谢绝王吉，王吉反而对相如更加恭敬小心了。临邛城中富人很多，其中卓王孙有家奴八百人，程郑也有数百人。两人相互商量说："县令有贵客，我们应办酒席宴请人家。"同时邀请了县令王吉。王吉来到后，卓家的宾客已到了数百人。到了中午，去请司马长卿，长卿推说有病不能前去，王吉因此不敢进食，便亲自去请相如。相如不得已，勉强前往，满座的客人都为他的风采所倾倒。饮酒到尽兴时，王吉捧琴走上前对相如说："我私下听说长卿喜爱弹琴，请弹一曲以助兴。"相如推辞一番，便弹奏了一两首曲子。当时卓王孙有个名叫文君的女儿寡居，她喜爱音乐，所以相如佯装与王吉相互尊重，实际上想用琴声挑逗文君。相如到临邛来的时候，大方文雅，非常英俊，在卓王孙家饮酒鼓琴时，文君从门缝偷看，心中高兴而爱上了他，担心没有相见的机会。宴会结束后，相如托人以重金赐赠文君的侍者以表达他的思慕之情。于是晚上文君逃出私奔到相如那里，相如遂与她驱车回到成都。然而家中一无所有，徒有四壁。卓王孙知道后大怒，说道："女儿太不成器，我不忍心杀她，但不分给她一文钱！"有人劝说王孙，王孙始终不听。生活了很长一段时间后，文君感到不满意，对相如说道："长卿只要和我回到临邛，就是向兄弟们借贷也能够生活，何至于像现在这个样子自找苦吃！"于是和相如一起到了临邛，将自己的车马全部卖掉，买了一个酒店做卖酒的生意，文君坐在炉前卖酒，相如自己穿上围裙，和雇工一起劳作，在大街市上洗涮餐具。卓王孙听说后感到很羞耻，为此闭门不出。兄弟和长辈轮番劝王孙说："你只有一儿两女，所缺的不是钱财。现在文君已成了司马长卿的人，长卿本来是懒于做官，虽然贫穷，但他的才能是足以立身的。况且他又是县令的客人，为什么要如此委屈他呢？"卓王孙不得已便分给文君一百个奴仆，钱一百万，以及她出嫁时的衣物钱财等。文君遂与相如回到成都，买了土地和房屋，成为富人。

居久之，蜀人杨得意为狗监，侍上。上读《子虚赋》而善之，曰："朕独不得与此人同时哉！"得意曰："臣邑人司马相如自言为此赋。"上惊，乃召问相如。相如曰："有是。然此乃诸侯之事，未足观也。请为天子游猎赋，赋成奏之。"上许，令尚书给笔札。相如以"子虚"，虚言也，为楚称；"乌有先生"者，乌有此事也，为齐难；"无是公"者，无是人也，明天子之义。故空藉此三人为辞，以推天子诸侯之苑囿。其卒章归之于节俭，因以风（讽）谏。奏之天子，天子大说（悦）。

◎**大意** 过了许久，蜀郡人杨得意成为掌管猎犬的官员，在武帝朝为官。武帝读到《子虚赋》，认为写得好，说道："我难道不能与这个作者生活在同一个时代吗？"杨得意对武帝说："臣的同乡司马相如自称这篇赋是他所写。"武帝大惊，于是召见相如加以询问。相如回答说："有这回事。但这篇赋写的是有关诸侯的事情，不值得一看。请允许我写一篇关于天子的游猎之赋，写成后献上。"武帝同意了。命令尚书发给他书写工具。相如给赋中的第一个人物起名"子虚"，意思是虚言，是为了借以称说楚国；给赋中的另一个人物起名"乌有先生"，意思是无有此事，是为了借以替齐国诘难；给赋中的第三个人物起名"无是公"，意思是没有此人，是为了借以说明做天子的道理。虚构此三人写成文章，目的在于推想天子诸侯苑囿的壮观。这篇赋的结尾将中心思想归结为提倡节俭之意，想借此达到讽谏的目的。相如将此赋进献给武帝，武帝十分喜欢。

赋奏，天子以为郎。无是公言天子上林广大，山谷水泉万物，及子虚言楚云梦所有甚众，侈靡过其实，且非义理所尚，故删取其要，归正道而论之。

◎**大意** 这篇赋献上以后，武帝任命相如为郎官。无是公称说上林苑的广大，有山谷、水泉及万物，子虚称说云梦泽景物众多，浮夸奢靡，皆言过其实，况且不是道义所崇尚的，所以选取要点，归于正道后加以论述。

相如为郎数岁，会唐蒙使略通夜郎西僰（bó）中，发巴蜀吏卒千人，郡又多为发转漕万余人，用兴法诛其渠帅，巴蜀民大惊恐。上闻之，乃使相如责唐蒙等，因喻告巴蜀民以非上意。

◎**大意** 相如担任郎官数年，碰上唐蒙奉命夺取并开通夜郎和西部的僰中。他征发巴、蜀二郡的上千士卒，郡中又多为他征调一万多人负责从水、陆两路转送粮草。他用战时军法诛杀了其首领，巴、蜀的百姓大为惊恐。武帝听说后，便派相如前往责备唐蒙，顺便告谕巴、蜀百姓，唐蒙所为并非武帝的旨意。

相如还报。唐蒙已略通夜郎，因通西南夷道，发巴、蜀、广汉卒，作者数万人。治道二岁，道不成，士卒多物故，费以巨万计。蜀民及汉用事者多言其不便。是时邛、筰之君长闻南夷与汉通，得赏赐多，多欲愿为内臣妾，请吏，比南夷。天子问相如，相如曰："邛、筰、冉、駹（máng）者近蜀，道亦易通，秦时尝通为郡县，至汉兴而罢。今诚复通，为置郡县，愈于南夷。"天子以为然，乃拜相如为中郎将，建节往使。副使王然于、壶充国、吕越人驰四乘之传，因巴蜀吏币物以赂西夷。至蜀，蜀太守以下郊迎，县令负弩矢先驱，蜀人以为宠。于是卓王孙、临邛诸公皆因门下献牛酒以交欢。卓王孙喟然而叹，自以得使女尚司马长卿晚，而厚分与其女财，与男等同。司马长卿便略定西夷，邛、筰、冉、駹、斯榆之君皆请为内臣。除边关，关益斥，西至沫、若水，南至牂柯为徼（jiào），通零关道，桥孙水以通邛都。还报天子，天子大说（悦）。

◎ **大意** 等到相如回朝复命之时，唐蒙已打通了夜郎，随后准备开通去西南夷的道路。于是他又征发巴、蜀及广汉郡的士卒，投入数万筑路的人。修筑了两年，路未完工，许多士卒死了，耗资以万计。蜀地百姓和汉朝大臣中的多数人都说这样做不好。当时邛、筰两夷国的君长听说南夷已和汉朝来往，得到许多赏赐，也想成为汉朝的臣属，就像南夷那样。武帝向相如征求意见，相如说："邛、筰、冉、駹四夷靠近蜀郡，道路容易开通。秦时曾开通设置郡县，到汉朝建立时废置。现在如果真的再次开通设置郡县，其利胜过南夷。"武帝认为他说得对，于是拜相如为中郎将，使他持节出使西夷，副使是王然于、壶充国和吕越人。他们乘坐四匹马驾的传车前往，打算通过巴、蜀的官吏和财物笼络西夷。到达蜀郡后，蜀太守及所属官员都赶到郊外去迎接，县令亲自背上弓箭在前面引路，蜀郡人都以此为荣。这时卓王孙和临邛的名流都登门献上牛酒以讨相如的欢心。卓王孙慨叹万千，自以为让女儿嫁给相如嫁得太晚了，于是分给女儿许多财产，其数量和分给儿子的相等。司马相如随后和西夷建立了关系，邛、筰、冉、駹和斯榆等国的君主都请求做汉朝的臣属。于是拆除旧关卡，将边关扩大，西部到达沫水、若水，南部以牂柯江为边界，又凿开零关道，在孙水上架设桥梁，连通邛都。司马相如回到朝廷后报告武帝，武帝非常满意。

相如使时，蜀长老多言通西南夷不为用，唯大臣亦以为然。相如欲谏，业已建之，不敢，乃著书，籍以蜀父老为辞，而己诘难之，以风（讽）天子，且因宣其使指，令百姓知天子之意。

◎ **大意** 相如出使时，蜀郡的父老多数说开通西南夷的道路没有用处，即使是朝廷中的大臣也这样认为。相如也想劝谏，考虑到武帝已经下旨，所以就不敢多言，于是将自己的想法写成了文章。文章中借蜀地父老之口提出看法，自己进行反驳，

赋圣司马相如

用来讽喻武帝，同时借此说明自己出使的目的，让百姓知道武帝的意图。

其后人有上书言相如使时受金，失官。居岁余，复召为郎。

◎ **大意** 此后有人上书告相如出使期间接受了别人的贿金，相如因此被免官。过了一年多，相如又被朝廷召回任为郎官。

相如口吃而善著书。常有消渴疾。与卓氏婚，饶于财。其进仕宦，未尝肯与公卿国家之事，称病闲居，不慕官爵。常从上至长杨猎，是时天子方好自击熊彘，驰逐野兽，相如上疏谏之。

◎ **大意** 相如口吃，但善于写文章。他患有糖尿病。他和卓文君结婚后，富有钱财。他担任官职以来，未曾愿意和公卿一起商议大事，而是托病闲居家中，不追求高官厚禄。他曾跟随武帝到长杨宫打猎，当时武帝喜欢亲自击杀熊和野猪，追赶野兽，相如上疏劝谏。

上善之。还过宜春宫，相如奏赋以哀二世行失也。

◎ **大意** 武帝对司马相如的劝谏很赞赏。返回时路过宜春宫，相如向武帝献赋，对秦二世行为的过失表示惋惜。

相如拜为孝文园令。天子既美《子虚》之事，相如见上好仙道，因曰："上林之事未足美也，尚有靡者。臣尝为《大人赋》，未就，请具而奏之。"相如以为列仙之传居山泽间，形容甚臞（qú），此非帝王之仙意也，乃遂就《大人赋》。

◎ **大意** 其后相如被拜为掌管汉文帝陵园维护的官员。武帝赞美《上林赋》中所述的事情，相如发现武帝喜欢成仙之道，便进言道："《上林赋》中谈到的事物并不值得赞美，还有更令人向往的。臣曾经写过一篇《大人赋》，尚未完成，请允许我写完献上。"相如以为传说中的各种仙人都居住在山水之间，形体容貌都很清瘦，这不是帝王想成为的那种仙人，于是写成《大人赋》。

相如既奏《大人之颂》，天子大说（悦），飘飘有凌云之气，似游天地之间意。

◎**大意**　相如进献《大人赋》后，武帝非常高兴，有超尘脱俗、腾云驾雾的感觉，好像真的遨游于天地之间那样舒适。

　　相如既病免，家居茂陵。天子曰："司马相如病甚，可往从悉取其书；若不然，后失之矣。"使所忠往，而相如已死，家无书。问其妻，对曰："长卿固未尝有书也。时时著书，人又取去，即空居。长卿未死时，为一卷书，曰有使者来求书，奏之。无他书。"其遗札书言封禅事，奏所忠。忠奏其书，天子异之。

◎**大意**　相如因病辞官以后，住在茂陵。武帝说："司马相如病得很厉害，可派人去将他所著的书全部拿回来；如果不这样做，以后就会散失掉。"于是武帝派所忠前往，到时相如已死，家中无书。询问相如的妻子，妻子回答说："长卿确实不曾有书。他不断地写书，但又不断地被人拿走。所以家中总是空的。长卿没死的时候，写过一卷书，说有使者来求书时，把书献上。没有别的书了。"相如在这部遗稿中谈的是封禅之事，书稿献给了所忠。所忠又将书稿献给武帝，武帝读了之后感到很惊异。

　　司马相如既卒五岁，天子始祭后土。八年而遂先礼中岳，封于太山，至梁父禅肃然。

◎**大意**　司马相如死后五年，天子才开始祭祀地神。八年后终于先祭祀了中岳之神，然后在泰山筑坛祭天，接着到梁父祭祀了肃然山。

　　相如他所著，若《遗平陵侯书》《与五公子相难》《草木书》篇不采，采其尤著公卿者云。

◎**大意**　相如的其他著作，如《遗平陵侯书》《与五公子相难》《草木书》等篇均没有收录，传中只收录了他在公卿中特别著名的作品。

儒学大师董仲舒

选自《儒林列传》

　　董仲舒，广川人也。以治《春秋》，孝景时为博士。下帷讲诵，弟子传以久次相受业，或莫见其面。盖三年董仲舒不观于舍园，其精如此。进退容止，非礼不行，学士皆师尊之。今上即位，为江都相。以《春秋》灾异之变推阴阳所以错行，故求雨闭诸阳，纵诸阴，其止雨反是。行之一国，未尝不得所欲。中废为中大夫，居舍，著《灾异之记》。是时辽东高庙灾，主父偃疾之，取其书奏之天子。天子召诸生示其书，有刺讥。董仲舒弟子吕步舒不知其师书，以为下愚。于是下董仲舒吏，当死，诏赦之。于是董仲舒竟不敢复言灾异。

◎**大意**　董仲舒，是广川郡人。因研究《春秋》，景帝时被拜为博士。他放下帷幕讲课，让弟子根据学习时间的长短依次相传授，有的弟子甚至没有见过董仲舒的面。董仲舒曾连续三年不去后园游玩，他治学精勤到了这种程度。他的言谈举止，不合乎礼的就不做，学生们都效法并尊敬他。武帝即位后，他被任为江都国相。他根据《春秋》记载的自然灾害及特异现象的变化来推求阴阳之道交替进行的规律，所以求雨时关闭各种阳气，放出各种阴气，停止下雨的方法则与此相反。在江都国中推行这种方法，无不得到预想的结果。后来他被降职做了中大夫，待在家中时，撰写了《灾异之记》一书。当时辽东高帝庙发生了火灾，主父偃因嫉妒他，将他的书偷偷拿来上奏给武帝。武帝召集众儒生，出示这本书给他们看，发现书中有讽刺朝廷的话。董仲舒的弟子吕步舒不知道这是自己老师的书，认为该书的作者很愚蠢。于是武帝把董仲舒交给法官审判，结果定为死罪，武帝降诏赦免了他。从此董仲舒再也不敢谈论灾异的事情了。

　　董仲舒为人廉直。是时方外攘四夷，公孙弘治《春秋》不如董仲舒，而弘希世用事，位至公卿。董仲舒以弘为从谀。弘疾之，乃言上曰："独董仲舒可使相胶西王。"胶西王素闻董仲舒有行，亦善待之。董仲舒恐久获罪，疾免居家。至卒，终不治产业，以修学著书为事。故汉兴至于五世之间，唯董仲舒名为明于《春秋》，其传《公羊氏》也。

◎**大意**　董仲舒为人廉洁正直。当时汉朝正在排除周围少数民族的侵扰，公孙弘研究《春秋》的成就不如董仲舒，但是他善于迎合世俗，位至公卿。董仲舒认为公孙弘为人逢迎阿谀。公孙弘嫉恨他，便对皇上进言说："只有董仲舒可以派去做胶西王的国相。"胶西王向来听说董仲舒有德行，也善待他。董仲舒担心长期这样下去会灾祸临头，遂托病辞官回家。直到去世，他始终没有购置田产，只是一心以著书做学问为业。所以自汉朝建立以来历经五世，唯有董仲舒研究《春秋》最负盛名，他讲解传授的是公羊一家。

开辟丝绸之路的张骞

选自《大宛列传》

  大宛（yuān）之迹，见（现）自张骞。张骞，汉中人。建元中为郎。是时天子问匈奴降者，皆言匈奴破月氏（zhī）王，以其头为饮器，月氏遁逃而常怨仇匈奴，无与共击之。汉方欲事灭胡，闻此言，因欲通使。道必更匈奴中，乃募能使者。骞以郎应募，使月氏，与堂邑氏胡奴甘父俱出陇西。经匈奴，匈奴得之，传诣单于。单于留之，曰："月氏在吾北，汉何以得往使？吾欲使越，汉肯听我乎？"留骞十余岁，与妻，有子，然骞持汉节不失。

◎**大意** 大宛的土地，是张骞首先发现的。张骞，是汉中人。汉武帝建元年间做郎官。当时，武帝向投降的匈奴人询问，他们都说匈奴打败了月氏王，用月氏王的头骨做了饮酒的器具,月氏族逃跑了,而对匈奴常怀仇恨,苦于没有哪个国家和他们一起攻打匈奴。汉朝正想攻打匈奴,武帝听了此话,便想派使者前往月氏联络。但是去月氏必须经过匈奴之地,于是朝廷便招募能够出使的人。张骞以郎官的身份应诏,出使月氏,和匈奴族奴仆堂邑父一同从陇西出境。经过匈奴之地时,被匈奴人拘留,押送到单于那里。单于扣留了他们,说道:"月氏在我国的北部,汉朝怎么能够往那里派使者?我们如果派人出使南越,汉朝会允许我们通过吗?"张骞被扣留在匈奴十多年,匈奴给他娶了妻子,并生了孩子,但张骞一直保存着汉朝使者的符节,没有丢失。

居匈奴中,益宽,骞因与其属亡,乡(向)月氏西走数十日,至大宛。大宛闻汉之饶财,欲通不得,见骞,喜,问曰:"若欲何之?"骞曰:"为汉使月氏,而为匈奴所闭道。今亡,唯王使人导送我。诚得至,反(返)汉,汉之赂遗王财物不可胜言。"大宛以为然,遣骞,为发导绎(译),抵康居,康居传致大月氏。大月氏王已为胡所杀,立其太子为王。既臣大夏而居,地肥饶,少寇,志安乐,又自以远汉,殊无报胡之心。骞从月氏至大夏,竟不能得月氏要(腰)领。

◎**大意** 张骞留居在匈奴的中部,匈奴对他的看管渐渐宽松,张骞于是乘机和他的随从逃向月氏,向西跑了几十天,到达了大宛。大宛听说汉朝富足,想和汉朝往来而没有实现,现在见到张骞,非常高兴,询问道:"你打算到哪里去?"张骞回答说:"我为汉朝出使月氏,而被匈奴拦住去路。如今逃出匈奴,希望大王能派人引路送我前去。若真能到达月氏,那么我返回汉朝后,汉朝赠送给大王的财物是用言语说不尽的。"大宛认为张骞的话可信,于是放走张骞,并为他派了向导和翻译,先到达康居国。康居又将他们转送到大月氏。大月氏王早已被匈奴所杀,他的太子被立为新王。新王已征服了大夏国并在那里定居下来,其国土地肥沃,少受侵扰,因而过得很安稳愉快,再加上新王觉得远离汉朝,根本没有向匈奴复仇的意思。张骞从月氏到大夏,始终没有弄懂月氏人的真正想法。

留岁余,还,并(旁)南山,欲从羌中归,复为匈奴所得。留岁余,单于死,左谷蠡(lù lí)王攻其太子自立,国内乱,骞与胡妻及堂邑父俱亡归汉。汉拜骞为太中大夫,堂邑父为奉使君。

开辟丝绸之路的张骞

◎**大意** 张骞在月氏待了一年多，动身回国，沿着南山行进，想从羌人居住的地方回到长安，却又被匈奴捉住了。他在匈奴住了一年多，单于死了，匈奴左谷蠡王攻击太子，自立为单于，匈奴大乱，张骞乘机与匈奴妻子和堂邑父一起逃回汉朝。汉朝封张骞为太中大夫，封堂邑父为奉使君。

　　骞为人强力，宽大信人，蛮夷爱之。堂邑父故胡人，善射，穷急射禽兽给食。初，骞行时百余人，去十三岁，唯二人得还。

◎**大意** 张骞为人坚强有力量，心胸宽大，诚实可信，蛮夷之人都喜欢他。堂邑父是匈奴人，善于射箭，每当穷困危急之时，就射杀飞禽走兽食用。最初，张骞出使时有一百多个随从，离开汉朝十三年，只有他和堂邑父两人回到汉朝。

　　骞身所至者大宛、大月氏、大夏、康居，而传闻其旁大国五六，具（俱）为天子言之。曰：

◎**大意** 张骞所到的国家有大宛、大月氏、大夏、康居，听说这些国家的旁边还有五六个大国，他全部向天子做了汇报。他说：

　　大宛在匈奴西南，在汉正西，去汉可万里。其俗土著，耕田，田稻麦。有蒲陶（葡萄）酒。多善马，马汗血，其先天马子也。有城郭屋室。其属邑大小七十余城，众可数十万。其兵弓矛骑射。其北则康居，西则大月氏，西南则大夏，东北则乌孙，东则扜罙（yū mí）、于窴（tián）。于窴之西，则水皆西流，注西海；其东水东流，注盐泽。盐泽潜行地下，其南则河源出焉。多玉石，河注中国。而楼兰、姑师邑有城郭，临盐泽。盐泽去长安可五千里。匈奴右方居盐泽以东，至陇西长城，南接羌，鬲（隔）汉道焉。

◎**大意** 大宛在匈奴西南，在汉朝正西面，离汉朝大约一万里。当地的风俗是定居一处，耕种田地，种稻子和麦子。出产葡萄酒。有很多好马，马出汗如血，它的祖先是天马之子。那里有城郭房屋，归它管辖的大小城镇有七十多座，民众有几十万。大宛的兵器是弓和矛，人们骑马射箭。它的北边是康居，西边是大月氏，西南是大夏，东北是乌孙，东边是扜罙、于窴。于窴的西边，河水都西流，注入西海；于窴东边的河水都向东流，注入盐泽。盐泽的水在地下暗中流淌，它的南边就是黄河的源头，黄河水由此流出。那儿盛产玉石，黄河水流入中国。楼兰和姑师的城镇都有城郭，靠近盐泽。盐泽离长安大约五千里。匈奴的右边正处在盐泽以东，直到陇西长城，南边与羌人居住区相接，阻隔了通往汉朝的道路。

　　乌孙在大宛东北可二千里，行国，随畜，与匈奴同俗。控弦者数万，敢战。故服匈奴，及盛，取其羁属，不肯往朝会焉。

◎**大意**　乌孙国在大宛东北约两千里处，属于游牧部落，随地放牧，和匈奴的风俗相同。有张弓射箭的军队数万人，勇敢善战。乌孙国原来臣服于匈奴，等它强盛后，便只在名义上服从匈奴，不肯再去朝拜了。

　　康居在大宛西北可二千里，行国，与月氏大同俗。控弦者八九万人。与大宛邻国。国小，南羁事月氏，东羁事匈奴。

◎**大意**　康居国在大宛西北约两千里处，属于游牧部落，和月氏的风俗大致相同。有弯弓射箭的军队八九万人。同大宛比邻。国家较小，南面臣服于月氏，东面臣服于匈奴。

　　奄蔡在康居西北可二千里，行国，与康居大同俗。控弦者十余万。临大泽，无崖，盖乃北海云。

◎**大意**　奄蔡国在康居西北约两千里处，属于游牧部落，和康居国的风俗大致相同。有十多万弯弓射箭的军队。这个国家靠近一个大水泽，水泽漫无边际，据说那就是北海。

　　大月氏在大宛西可二三千里，居妫（guī）水北。其南则大夏，西则安息，北则康居。行国也，随畜移徙，与匈奴同俗。控弦者可一二十万。故时强，轻匈奴，及冒顿立，攻破月氏，至匈奴老上单于，杀月氏王，以其头为饮器。始月氏居敦煌、祁连间，及为匈奴所败，乃远去，过宛，西击大夏而臣之，遂都妫水北为王庭。其余小众不能去者，保南山羌，号小月氏。

◎**大意**　大月氏在大宛西边二三千里，处于妫水之北。它南边是大夏，西边是安息，北边是康居。大月氏也是游牧的国家，人们随着放牧的需要而迁移，同匈奴的风俗一样。有一二十万拉弓打仗的战士。从前强大时，大月氏轻视匈奴，等到冒顿立为匈奴单于，打败了月氏；匈奴老上单于时，杀死了月氏王，用月氏王的头骨做了饮酒的器皿。开始时，月氏居住在敦煌、祁连之间，待到被匈奴打败，大部分人就远远离开这里，经过大宛，向西攻打大夏，并把它打败，令其臣服，于是建都在妫水之北，作为王庭。其余一小部分不能离开的月氏人，投靠了祁连山羌人的居住地而得以保全，称为小月氏。

安息在大月氏西可数千里。其俗土著，耕田，田稻麦，蒲陶酒。城邑如大宛。其属小大数百城，地方数千里，最为大国。临妫水，有市，民商贾用车及船，行旁国或数千里。以银为钱，钱如其王面，王死辄更钱，效王面焉。画革旁行以为书记。其西则条枝，北有奄蔡、黎轩。

◎**大意**　安息国在大月氏以西数千里的地方，属于定居民族，以耕地为生，种植水稻和小麦，产葡萄酒。它的城邑和大宛一样。所属大小城有数百座，面积方圆几千里，是最大的国家。靠近妫水，有集市，百姓及商人用车或船作为交通工具，有时运到邻近的国家甚至几千里远的地方。他们用银子制作货币，钱币铸成国王容貌的样子，国王死后便要更换货币，因为货币要展现新王的面貌。他们在皮革上横行书写以记事。安息的西边是条枝国，北边有奄蔡国和黎轩国。

条枝在安息西数千里，临西海。暑湿。耕田，田稻。有大鸟，卵如瓮。人众甚多，往往有小君长，而安息役属之，以为外国。国善眩。安息长老传闻条枝有弱水、西王母，而未尝见。

◎**大意**　条枝国在安息以西几千里的地方，濒临西海。这里的气候炎热潮湿。以耕地为生，种植水稻。产鸵鸟，鸟蛋大如瓮。其国人口众多，城邑往往设置小君长，安息控制着这个国家，把它作为外围国。这个国家的人善于玩魔术。安息国的老人传说条枝国有弱水和西王母，但从未见过。

大夏在大宛西南二千余里妫水南。其俗土著，有城屋，与大宛同俗。无大君长，往往城邑置小长。其兵弱，畏战。善贾市。及大月氏西徙，攻败之，皆臣畜大夏。大夏民多，可百余万。其都曰蓝市城，有市贩贾诸物。其东南有身毒国。

◎**大意** 大夏国在大宛西南两千多里的妫水南面，属于定居民族，有城墙房屋，和大宛习俗相同。国家没有大君长，往往只是在城邑设置小君长。这个国家的兵力弱小，害怕战争。人民善于做买卖。大月氏向西迁移时，打败了大夏，统治了整个大夏。大夏人口众多，有一百多万。它的国都叫蓝市城，城内有市场贩卖着各种物品。大夏的东南方向有身毒国。

骞曰："臣在大夏时，见邛竹杖、蜀布。问曰：'安得此？'大夏国人曰：'吾贾人往市之身毒。身毒在大夏东南可数千里。其俗土著，大与大夏同，而卑湿暑热云。其人民乘象以战。其国临大水焉。'以骞度之，大夏去汉万二千里，居汉西南。今身毒国又居大夏东南数千里，有蜀物，此其去蜀不远矣。今使大夏，从羌中，险，羌人恶之；少北，则为匈奴所得；从蜀宜径，又无寇。"天子既闻大宛及大夏、安息之属皆大国，多奇物，土著，颇与中国同业，而兵弱，贵汉财物；其北有大月氏、康居之属，兵强，可以赂遗（wèi）设利朝也。且诚得而以义属之，则广地万里，重九译，致殊俗，威德遍于四海。天子欣然，以骞言为然，乃令骞因蜀犍为发间使，四道并出：出駹，出冉，出徙，出邛、僰，皆各行一二千里。其北方闭氐（dī）、筰，南方闭嶲（xī）、昆明。昆明之属无君长，善寇盗，辄杀略汉使，终莫得通。然闻其西可千余里有乘象国，名曰滇越，而蜀贾奸出物者或至焉，于是汉以求大夏道始通滇国。初，汉欲通西南夷，费多，道不通，罢之。及张骞言可以通大夏，乃复事西南夷。

◎**大意** 张骞对武帝说："我在大夏的时候，见到过邛都所产的竹杖和蜀郡出产的布。我问他们：'这些物品是从哪里得到的？'大夏国人回答说：'是我们的商人从身毒国买来的。身毒在大夏东南几千里的地方。属于定居民族，习俗大体与大夏相同，而地势低下，气候潮湿炎热。身毒国的人民骑着大象打仗。这个国家靠近大河。'根据我的估计，大夏距汉朝有一万二千里，位于汉朝的西南。如今身毒国又位于大夏东南几千里，有蜀地的产品出现，说明这个国家距蜀地不远。如今出使大夏，要是从羌族地区通过，地势险要，而且羌人厌恶汉人；要是稍微从北边取道，则会被匈奴人抓获；如果从蜀地出发可能是捷径，而且没有外敌的干扰。"武帝听说大宛及大夏、安息等国都是大国，有许多珍奇的物产，人民定居，与汉人的生产方式很接近，而这些国家的兵力弱小，百姓看重汉朝的财物；在它们的北边有大月氏、康居等国，兵力虽然强大，但可以通过赠送礼物给予好处使其来朝拜。要是果真能得到它们并且用大义使其附属于自己，就可以扩大疆土万里，经过辗转翻译，招来不同风俗的人民，使汉朝天子的声威和恩德传遍四海内外。武帝因此很高兴，认为张骞说得对，于是命令张骞从蜀郡、犍为秘密派出使者，分四路同时行动：一路从駹出发，一路从冉出发，一路从徙出发，一路从邛、僰出发，各自行走了一二千里。结果从北边行动的被氐人、筰人所阻拦；从南边行动的被嶲人、昆明人所阻拦。昆明人没有君长，善于抢劫偷盗，经常杀死、抢劫汉朝的使者，汉朝的使者始终没有通过。不过，这次听说昆明夷以西千余里的地方，有一个乘象国，名叫滇越，蜀地偷运货物出境的商人当中有人到过那里，于是汉朝为寻找通往大夏的道路而开始和滇越国来往。起初，汉朝想和西南夷来往，但因费用太多，道路不通，便作罢了。这次听张骞说可以由西南通往大夏，就重新致力于联系西南夷之事。

　　骞以校尉从大将军击匈奴，知水草处，军得以不乏，乃封骞为博望侯。是岁元朔六年也。其明年，骞为卫尉，与李将军俱出右北平击匈奴。匈奴围李将军，军失亡多；而骞后期当斩，赎为庶人。是岁汉遣骠骑破匈奴西域数万人，至祁连山。其明年，浑邪王率其民降汉，而金城、河西西并南山至盐泽空无匈奴。匈奴时有候者到，而希（稀）矣。其后二年，汉击走单于于幕（漠）北。

◎**大意**　张骞以校尉的身份跟随大将军卫青去攻打匈奴，因为他知道有水草的地方，所以军队的供给没有困乏，武帝于是封张骞为博望侯。这一年是元朔六年。第二年，张骞被任为卫尉，与将军李广一同从右北平出发攻打匈奴。匈奴包围了李广，军队伤亡很重。而张骞没有按期到达约定地点，被判死刑，花钱赎罪后被贬为平民。这一年，汉朝派遣骠骑将军霍去病出兵西域打败了匈奴几万人，一直攻打到祁连山。第二年，匈奴浑邪王率领他的臣民投降了汉朝，于是从金城、河西以西沿着祁连山一直到盐泽，再也没有匈奴人了。匈奴有时也派侦察兵来到这里，但为数很少。此后两年内，汉朝将单于赶到了大沙漠以北地带。

　　是后天子数问骞大夏之属。骞既失侯，因言曰："臣居匈奴中，闻乌孙王号昆莫，昆莫之父，匈奴西边小国也。匈奴攻杀其父，而昆莫生，弃于野。乌嗛（衔）肉蜚（飞）其上，狼往乳之。单于怪以为神，而收长之。及壮，使将兵，数有功，单于复以其父之民予昆莫，令长守于西域。昆莫收养其民，攻旁小邑，控弦数万，习攻战。单于死，昆莫乃率其众远徙，中立，不肯朝会匈奴。匈奴遣奇兵击，不胜，以为神而远之，因羁属之，不大攻。今单于新困于汉，而故浑邪地空无人。蛮夷俗贪汉财物，今诚以此时而厚币赂乌孙，招以益东，居故浑邪之地，与汉结昆弟，其势宜听，听则是断匈奴右臂也。既连乌孙，自其西大夏之属皆可招来而为外臣。"天子以为然，拜骞为中郎将，将三百人，马各二匹，牛羊以万数，赍（jī）金币帛直数千巨万，多持节副使，道可使，使遗之他旁国。

◎**大意**　从这以后，武帝多次向张骞询问大夏等国的事情。张骞此时已失去了侯爵，于是趁机回答道："我在匈奴时，听说乌孙国王名叫昆莫，昆莫的父亲是匈奴西边一个小国的国王，匈奴攻打并杀了昆莫的父亲。昆莫出生后，被抛弃在草野之中，而乌鸦衔肉飞来在他的身上喂他，狼也赶来给他哺乳。单于感到很奇怪，以为有神灵保佑他，便将他收养。等长大以后，让他率兵作战，屡次建立军功，单于将昆莫父亲的臣民重新交给昆莫统领，命他长期驻守在西域。昆莫收回了他父亲的臣民后，攻打近旁的小城邑，有几万善骑的军队，熟悉攻伐战争的本领。单于死后，昆莫率领他的人马迁移到很远的地方，宣布独立，不肯再去朝拜匈奴。匈奴秘密派遣军队去攻打，没有取胜，以为是神灵在帮助昆莫，于是远远避开他，笼络乌孙使其成为自己的附属国，不再对他发动大规模进攻。如今单于刚被汉朝打败，原来匈奴浑邪王的地方空无人居。蛮夷的特点是贪图汉朝的财物，如果确能在此时用重礼拉拢乌孙，招引他们向东迁移，居住在原浑邪王的地方，和汉朝结为兄弟之国，根据形势估计昆莫是会同意的，如果同意这样做，就相当于砍断了匈奴的右臂。联合乌孙以后，自乌孙以西的大夏等国都可以招来作为我们的臣属国。"天子认为张骞说得对，遂拜他为中郎将，率领三百人出发，每人带两匹马，共带牛羊数万头，同时带着价值数千亿的金钱布帛等礼物，还派了许多拿着符节的副使，如果道路可通，就让他们到近旁的国家去联络。

　　骞既至乌孙，乌孙王昆莫见汉使如单于礼，骞大惭，知蛮夷贪，乃曰："天子致赐，王不拜则还赐。"昆莫起拜赐，其他如故。骞谕使指（旨）曰："乌孙能东居浑邪地，则汉遣翁主为昆莫夫人。"乌孙国分，王老，而远汉，未知其大小，素服属匈奴日久矣，且又近之，其大臣皆畏胡，不欲移徙，王不能专制。骞不得其要领。昆莫有十余子，其中子曰大禄，强，善将众，将众别居万余骑。大禄兄为太子，太子有子曰岑娶，而太子蚤（早）死。临死谓其父昆莫曰："必以岑娶为太子，无令他人代之。"昆莫哀而许之，卒以岑娶为太子。大禄怒其不得代太子也，乃收其诸昆弟，将其众畔（叛），谋攻岑娶及昆莫。昆莫老，常恐大禄杀岑娶，予岑娶万余骑别居，而昆莫有万余骑自备，国众分为三，而其大总取羁属昆莫，昆莫亦以此不敢专约于骞。

◎**大意** 张骞到达乌孙后，乌孙王昆莫接见汉朝使者，同对待匈奴单于的礼节一样，张骞感到很耻辱。他知道蛮夷贪婪，便说："天子赐赠礼物，大王如果不拜谢，就请把礼物退回。"昆莫遂起身拜谢，其他的礼节照旧。张骞向昆莫说明来意："如果乌孙能东迁到浑邪王故地，则汉朝可派诸侯王的女儿做你的夫人。"乌孙国此时已分裂，国王昆莫年老了，又远离汉朝，不知汉朝的大小，附属于匈奴时间长了，并且又靠近匈奴，大臣都畏惧匈奴，不想迁徙，昆莫不能做主。张骞没有得到昆莫的明确答复。昆莫有十几个儿子，中间有一个儿子叫大禄，很强悍，善于领兵，他率领了一万多骑兵驻守在别的地方。大禄的哥哥是太子，太子有个儿子叫岑娶。太子早早就死了。临死前太子对父亲昆莫说："一定要让岑娶做太子，不能让其他人取而代之。"昆莫哀怜其情而答应了，最终让岑娶做了太子。大禄对昆莫没有让自己做太子这件事非常气愤，于是便纠集了他的兄弟们，率领他的兵众反叛了，谋划攻打岑娶和昆莫。昆莫老了，常担心大禄会杀死岑娶，便拨给岑娶一万多骑兵以自卫。国家的势力就这样被分为三部分，只是在名义上总体归属于昆莫，因此昆莫也不敢独自与张骞商定这件事。

骞因分遣副使使大宛、康居、大月氏、大夏、安息、身毒、于寘、扜穼及诸旁国。乌孙发导译送骞还，骞与乌孙遣使数十人，马数十匹报谢，因令窥汉，知其广大。

◎**大意** 张骞遂分别派遣副使出使大宛、康居、大月氏、大夏、安息、身毒、于寘、扜穼及一些近旁的国家。乌孙派了向导和翻译送张骞返回汉朝。张骞和乌孙国派出的几十名使者，带上几十匹马来到汉朝表示答谢，乌孙顺便让这些使者窥探一下汉朝的情况，了解它有多大。

　　骞还到，拜为大行，列于九卿。岁余，卒。

◎**大意**　张骞回来后，拜为大行令，位列九卿。过了一年多，他便去世了。

　　乌孙使既见汉人众富厚，归报其国，其国乃益重汉。其后岁余，骞所遣使通大夏之属者皆颇与其人俱来，于是西北国始通于汉矣。然张骞凿空（kǒng），其后使往者皆称博望侯，以为质于外国，外国由此信之。

◎**大意**　乌孙的使者看到汉朝人口众多、国家富强后，回国报告了国王，乌孙便更加重视汉朝。此后一年多，张骞派往大夏等国的使者多数都和所到之国的使者一起来到汉朝，于是西北各国从这时开始和汉朝有了来往。不过这条道路是张骞开辟的，因此其后派出的使者都称作"博望侯"，以便借张骞的封号取信于外国，外国因此便信任他们。

史圣司马迁

选自《太史公自序》

  昔在颛顼，命南正重以司天，北正黎以司地。唐虞之际，绍重黎之后，使复典之，至于夏商，故重黎氏世序天地。其在周，程伯休甫其后也。当周宣王时，失其守而为司马氏。司马氏世典周史。惠襄之间，司马氏去周适晋。晋中军随会奔秦，而司马氏入少梁。

◎ **大意** 从前颛顼之时，命令南正重掌管天文，北正黎掌管地理。在唐尧、虞舜之际，让重、黎的后代重操祖业，继续掌管天文地理，一直持续到夏、商之时，所以说重、黎两个家族世代掌管天文地理。在周朝时，程伯休甫是他们的后代。到周宣王时，休甫的后代失去了掌管天文地理的官职而转为司马氏。司马氏世代掌管周史。在周惠王和周襄王之间，司马氏离开周朝去了晋国。晋国中军将领随会逃奔到秦国时，司马氏也转入秦国的少梁邑。

自司马氏去周适晋，分散，或在卫，或在赵，或在秦。其在卫者，相中山。在赵者，以传剑论显，蒯聩其后也。在秦者名错，与张仪争论，于是惠王使错将伐蜀，遂拔，因而守之。错孙靳，事武安君白起。而少梁更名曰夏阳。靳与武安君坑赵长平军，还而与之俱赐死杜邮，葬于华池。靳孙昌，昌为秦主铁官，当始皇之时。蒯聩玄孙卬为武信君将而徇朝歌。诸侯之相王，王卬于殷。汉之伐楚，卬归汉，以其地为河内郡。昌生无泽，无泽为汉市长。无泽生喜，喜为五大夫，卒，皆葬高门。喜生谈，谈为太史公。

◎**大意** 自从司马氏离开周室到晋国，家族便分散了，有的在卫国，有的在赵国，有的在秦国。在卫国的，做了中山国的相。在赵国的，以传授剑术而出名，蒯聩便是其后代。在秦国的名叫司马错，曾与张仪争论伐蜀的问题，于是秦惠王派司马错率军伐蜀，攻城之后，司马错就留下来镇守那里。司马错的孙子司马靳，侍奉武安君白起。这时少梁改名为夏阳。司马靳与武安君白起坑杀了赵国长平之战中的俘虏，回到秦国后与白起一起在杜邮被赐死，埋葬在华池。司马靳的孙子司马昌，做秦国的冶铁官，正是秦始皇当政之时。蒯聩的玄孙司马卬，担任武信君的将领，并领兵攻占了殷都故地朝歌。诸侯争相称王时，司马卬被封为殷王。汉王刘邦攻打楚王项羽时，司马卬归顺刘邦，刘邦将他的封地改置为河内郡。司马昌生司马无泽，司马无泽为汉朝掌管市场的官员。司马无泽生司马喜，司马喜为五大夫，他们死后，都埋葬在高门。司马喜生司马谈，司马谈为太史公。

太史公学天官于唐都，受《易》于杨何，习道论于黄子。太史公仕于建元、元封之间，愍（mǐn）学者之不达其意而师悖，乃论六家之要指（旨）。

◎**大意** 太史公司马谈跟着唐都学习天文，跟着杨何学习《易经》，跟着黄子学习道家学说。太史公司马谈在建元至元封年间做官，他担忧学者不能通晓诸家学说的原旨，而固执谬论，于是论述六家的要旨。

太史公既掌天官，不治民。有子曰迁。

◎**大意** 太史公掌管天文，不治民事。有个儿子名叫司马迁。

迁生龙门，耕牧河山之阳。年十岁则诵古文。二十而南游江、淮，上会稽，探禹穴，窥九疑，浮于沅（yuán）、湘；北涉汶、泗，讲业齐、鲁之都，观孔子之遗风，乡射邹、峄；厄困鄱、薛、彭城，过梁、楚以归。于是迁仕为郎中，奉使西征巴、蜀以南，南略邛、笮、昆明，还报命。

◎**大意** 司马迁出生于龙门，小时候耕地放牧于黄河之北、龙门山之南一带。年仅十岁就能诵习古文。二十岁南游长江、淮河流域，上会稽山，探察禹穴，观察九疑山，坐船浮游于沅江、湘江；往北渡过汶水、泗水，在齐国、鲁国的国都研习学业，观察孔子的遗风，在邹县、峄山行乡射礼；困厄于鄱、薛、彭城等地，经过梁地、楚地后返回。回来后出仕郎中之职，奉命西征巴、蜀以南地区，向南经过邛、笮、昆明等地，回京后向朝廷复命。

是岁天子始建汉家之封，而太史公留滞周南，不得与从事，故发愤且卒。而子迁适使反（返），见父于河雒之间。太史公执迁手而泣曰："余先周室之太史也。自上世尝显功名于虞夏，典天官事。后世中衰，绝于予乎？汝复为太史，则续吾祖矣。今天子接千岁之统，封泰山，而余不得从行，是命也夫，命也夫！余死，汝必为太史；为太史，无忘吾所欲论著矣。且夫孝始于事亲，中于事君，终于立身。扬名于后世，以显父母，此孝之大者。夫天下称诵周公，言其能论歌文武之德，宣周邵之风，达太王王季之思虑，爰及公刘，以尊后稷也。幽厉之后，王道缺，礼乐衰，孔子修旧起废，论《诗》《书》，作《春秋》，则学者至今则之。自获麟以来四百有（又）余岁，而诸侯相兼，史记放绝。今汉兴，海内一统，明主贤君忠臣死义之士，余为太史而弗论载，废天下之史文，余甚惧焉，汝其念哉！"迁俯首流涕曰："小子不敏，请悉论先人所次旧闻，弗敢阙。"

◎**大意** 这一年武帝开始建立汉朝的封禅制度，而太史公司马谈滞留在周南，不能参与此事，所以心中愤懑，致病将死。而儿子司马迁恰巧出使返回，在黄河与雒河相交地带见到父亲。太史公拉着司马迁的手哭着说："我们的祖先是周王室的太史官。在舜、禹之时就曾扬显功名，掌管天文之事。后世在中途衰微，难道要断绝在我身上了吗？如果你继承做太史，那就接续上了我们祖上的事业。现在天子接续千年来已经断绝的大典，在泰山封禅，我却不能随行，这是命啊！是命啊！我死后，你必为太史；做了太史，不要忘记我想撰写的论著。况且孝道最开始的层次是侍奉父母亲，中间的层次是侍奉君主，最高的层次是使自己树立声名。扬名于后世，以显扬父母，这是最大的孝道。天下人都称颂周公，说他能论述歌颂周文王、周武王的德行，宣扬自己和邵公的风尚，使人们通晓太王、王季的思想，延及公刘，并尊崇始祖后稷。自周幽王、周厉王之后，王道衰败，礼乐衰微，孔子整理旧典籍，振兴被废弃的礼乐，讲《诗》《书》，著《春秋》，而学者至今把它们作为准则。从获麟至今已有四百多年，而诸侯互相兼并，史书散佚断绝。现在汉朝兴起，海内一统，英明贤能的君主、忠臣和为正义而死的人的事迹很多，我作为太史而不能论述记载他们，断绝了天下的历史文献，我对这事非常惶恐，你要记在心上啊！"司马迁低头流涕说："儿子虽然愚笨，但一定将您所编列的历史旧闻撰写成书，不敢有缺！"

卒三岁而迁为太史令，䌷（chōu）史记石室金匮之书。五年而当太初元年，十一月甲子朔旦冬至，天历始改，建于明堂，诸神受纪。

◎**大意** 司马谈逝世三年后，司马迁担任太史令，缀辑史记、石室、金匮的资料。司马迁任太史令五年，正当汉武帝太初元年，十一月初一冬至，汉朝历法更改为太初历，在明堂颁布施行，各地诸侯皆遵照新历法。

太史公曰："先人有言：'自周公卒五百岁而有孔子。孔子卒后至于今五百岁，有能绍明世，正《易传》，继《春秋》，本《诗》《书》《礼》《乐》之际？'意在斯乎！意在斯乎！小子何敢让焉。"

◎**大意** 太史公说："先父说过：'自周公死后五百年而有孔子。孔子死后到如今正好五百年，有能接续盛世，匡正《易传》，续写《春秋》，依据《诗》《书》《礼》《乐》之本意来写一部新著作的人吗？'用意就在这里啊！用意就在这里啊！我怎么敢推辞呢？"

史圣司马迁

　　上大夫壶遂曰："昔孔子何为而作《春秋》哉？"太史公曰："余闻董生曰：'周道衰废，孔子为鲁司寇，诸侯害之，大夫壅之。孔子知言之不用，道之不行也，是非二百四十二年之中，以为天下仪表，贬天子，退诸侯，讨大夫，以达王事而已矣。'子曰：'我欲载之空言，不如见之于行事之深切著明也。'夫《春秋》，上明三王之道，下辨人事之纪，别嫌疑，明是非，定犹豫，善善恶恶，贤贤贱不肖，存亡国，继绝世，补敝起废，王道之大者也。《易》著天地阴阳四时五行，故长于变；《礼》经纪人伦，故长于行；《书》记先王之事，故长于政；《诗》记山川溪谷禽兽草木牝牡雌雄，故长于风（讽）；《乐》乐所以立，故长于和；《春秋》辩是非，故长于治人。是故《礼》以节人，《乐》以发和，《书》以道事，《诗》以达意，《易》以道化，《春秋》以道义。拨乱世反（返）之正，莫近于《春秋》。《春秋》文成数万，其指（旨）数千。万物之散聚皆在《春秋》。《春秋》之中，弑君三十六，亡国五十二，诸侯奔走不得保其社稷者不可胜数。察其所以，皆失其本已。故《易》曰'失之豪（毫）厘，差以千里'。故曰'臣弑君，子弑父，非一旦一夕之故也，其渐久矣'。故有国者不可以不知《春秋》，前有谗而弗见，后有贼而不知；为人臣者不可以不知《春秋》，守经事而不知其宜，遭变事而不知其权。为人君父而不通于《春秋》之义者，必蒙首恶之名；为人臣子而不通于《春秋》之义者，必陷篡弑之诛，死罪之名。其实皆以为善，为之不知其义，被之空言而不敢辞。夫不通礼义之旨，至于君不君，臣不臣，父不父，子不子。夫君不君则犯，臣不臣则诛，父不父则无道，子不子则不孝。此四行者，天下之大过也。以天下之大过予之，则受而弗敢辞。故《春秋》者，礼义之大宗也。夫礼禁未然之前，法施已然之后；法之所为用者易见，而礼之所为禁者难知。"

◎**大意**　上大夫壶遂说："从前孔子为什么要作《春秋》呢？"太史公说："我听董仲舒说：'周王室衰废，孔子担任鲁国的司寇，诸侯陷害他，大夫压制他。孔子知道自己的言论不会被采用，主张无法实行，褒贬二百四十二年中诸侯的得失，把它作为天下的准则，贬斥昏庸无道的天子，斥责为非作歹的诸侯，声讨僭越乱政的大夫，以达成王道而已。'孔子说：'我想载述空洞的言论，不如历史事实让人一目了然。'《春秋》，向上阐明三代圣王之道，向下辨别人事准则，辨明嫌疑，明断是非，确定犹豫不决的事，扬善抑恶，重视贤人，鄙视庸人，振兴将要灭亡的国家，续写断绝了的世系，补救弊病，振兴废业，这是王道中最重要的事。《易》论述天地、阴阳、四时、五行，所以长于变通；《礼》规范人伦，所以长于行事；《书》记述先王之事，所以长于政事；《诗》记述山川溪谷、禽兽草木、公母雌雄，所以长于讽谏；《乐》论述音乐的创立，所以长于和顺；《春秋》辨明是非，所以长于治人。因此《礼》用来节制人的行为，《乐》用来启发人的平和，《书》用来记述政事，《诗》用来表达情意，《易》用来阐明变化，《春秋》用来发挥道义。所以拨乱反正，没有比《春秋》更贴近的了。《春秋》文字有数万，而道理有数千条。万事万物的聚散离合都包含在《春秋》中。《春秋》之中，被杀的国君有三十六个，被灭亡的国家有五十二个，诸侯奔逃不能保守宗庙社稷的不可胜数。探究其丧命亡国的原因，都是丢掉了立国立身的根本。所以《易》中说'失之毫厘，差之千里'。所以说'臣杀君，子杀父，不是一朝一夕形成的，是长时间积累所形成的'。所以享有国家的君主，不能不知《春秋》，否则，前有谗言佞臣而不见，后有乱臣贼子而不知。为人臣的不能不懂《春秋》，否则，遇到常事不能适当处理，遇到事变不能随机应变。做人君、做人父的如果不通晓《春秋》大义，必然会蒙受首恶的坏名声。为人臣、为人子的如果不通晓《春秋》大义，必会陷于篡位夺权、杀父杀君而死有余辜的坏名声。其实他们都自认为是在做好事，但是不知道怎样做才符合道义，受到舆论谴责却不敢推卸罪名。不通礼义的要旨，就会弄到君不像君、臣不像臣、父不像父、子不像子的地步。做国君的不像国君，臣下就会冒犯他；做大臣的不像大臣，国君就会诛杀他；做父亲的不像父亲，那就是无道；做儿子的不像儿子，那就是不孝。这四种行为，是天下最大的过错。把天下最大的过错加在头上，就只能接受而不敢推辞。所以说《春秋》是礼义的根本所在。礼在事情发生之前禁止，法在事情发生之后惩治；用法惩治的效果容易看见，而以礼禁止的结果难以被认识。

壶遂曰："孔子之时，上无明君，下不得任用，故作《春秋》，垂空文以断礼义，当一王之法。今夫子上遇明天子，下得守职，万事既具，咸各序其宜，夫子所论，欲以何明？"

◎ **大意** 壶遂说："孔子之时，在上没有英明的君主，在下自己不被任用，所以作《春秋》，留下空洞的史文来决断礼义，当作王者的法典。如今你在上遇到圣明天子，在下又能做官，万事俱备，全都各得其所，你的论说，是想阐明什么呢？"

太史公曰："唯唯，否否，不然。余闻之先人曰：'伏羲至纯厚，作《易》八卦。尧舜之盛，《尚书》载之，礼乐作焉。汤武之隆，诗人歌之。《春秋》采善贬恶，推三代之德，褒周室，非独刺讥而已也。'汉兴以来，至明天子，获符瑞，封禅，改正朔，易服色，受命于穆清，泽流罔极，海外殊俗，重译款塞，请来献见者，不可胜道。臣下百官力诵圣德，犹不能宣尽其意。且士贤能而不用，有国者之耻；主上明圣而德不布闻，有司之过也。且余尝掌其官，废明圣盛德不载，灭功臣世家贤大夫之业不述，堕先人所言，罪莫大焉。余所谓述故事，整齐其世传，非所谓作也，而君比之于《春秋》，谬矣。"

◎ **大意** 太史公说："也是，也不是，不全是这样。我听先父说：'伏羲最为纯厚，作《易》之八卦。尧舜之时兴盛，《尚书》予以记载，礼乐在那时制定。商汤、周武隆盛，诗人歌颂。《春秋》扬善贬恶，推崇夏、商、周三代的盛德，褒扬周室，并非只是讥讽指斥而已。'汉兴以来，最英明的天子，获得祥瑞，封禅泰山，改革历法，变换服饰颜色，受命于天，恩泽流布无边无际，海外不同风俗的国家经过几重翻译叩关前来进献礼品、谒见皇帝的，不可胜数。大臣百官尽力颂扬圣恩圣德，好像还不能表尽心意。况且贤能的士人若不被任用，是国君的耻辱；国君圣明而恩德不能传扬广大，是官吏的罪过。更何况我执掌太史之官，如果废弃明主圣德而不予记载，埋没功臣、世家、贤大夫的功业不予记述，忘却先父的遗言，没有比这更大的罪过了。我所说的缀述旧事，不过是整理世代所传，并非所谓的创作，而您把它比作《春秋》，就错了。"

于是论次其文。七年而太史公遭李陵之祸，幽于缧绁（léi xiè）。乃喟然而叹曰："是余之罪也夫！是余之罪也夫！身毁不用矣。"退而深惟曰："夫《诗》《书》隐约者，欲遂其志之也。昔西伯拘羑里，演《周易》；孔子厄陈蔡，作《春秋》；屈原放逐，著《离骚》；左丘失明，厥有《国语》；孙子膑脚，而论兵法；不韦迁蜀，世传《吕览》；韩非囚秦，《说难》《孤愤》；《诗》三百篇，大抵贤圣发愤之所为作也。此人皆意有所郁结，不得通其道也，故述往事，思来者。"于是卒述陶唐以来，至于麟止，自黄帝始。

◎ **大意** 于是按次序编写那些材料。过了七年而太史公司马迁遭受李陵之祸，被囚禁在牢狱里。于是他感慨而叹息说："这是我的罪过啊！这是我的罪过啊！身体被毁伤，无处可用了！"又退一步深思："《诗》《书》等经书语言简洁而意旨隐约，是想表达他们的心志而精心思考的结果。从前周文王被囚禁在羑里，推演出了《周易》；孔子困厄于陈、蔡二国，写出了《春秋》；屈原被放逐江南，创作了《离骚》；左丘明眼睛失明，才有了《国语》；孙子受了膑刑，而写了兵法；吕不韦被迫迁蜀，世传《吕氏春秋》；韩非子被囚于秦国，撰写了《说难》《孤愤》；《诗》三百多篇，大都是圣贤之人发愤创作出来的。这些人心中都有郁闷积结，不能实现其主张，所以记述往事，寄希望于后来者。"于是最终叙写了上起唐尧，下至汉武帝获得麒麟的历史，而自黄帝开始。

维我汉继五帝末流，接三代绝业。周道废，秦拨去古文，焚灭《诗》《书》，故明堂石室金匮玉版图籍散乱。于是汉兴，萧何次律令，韩信申军法，张苍为章程，叔孙通定礼仪，则文学彬彬稍进，《诗》《书》往往间出矣。自曹参荐盖公言黄老，而贾生、晁错明申、商，公孙弘以儒显，百年之间，天下遗文古事靡不毕集太史公。太史公仍父子相续纂其职。曰："於戏！余维先人尝掌斯事，显于唐虞，至于周，复典之，故司马氏世主天官。至于余乎，钦念哉！钦念哉！"罔（网）罗天下放失（佚）旧闻，王迹所兴，原始察终，见盛观衰，论考之行事，略推三代，录秦汉，上记轩辕，下至于兹，著十二本纪，既科条之矣。并时异世，年差不明，作十表。礼乐损益，律历改易，兵权山川鬼神，天人之际，承敝通变，作八书。二十八宿环北辰，三十辐共一毂，运行无穷，辅拂（弼）股肱之臣配焉，忠信行道，以奉主上，作三十世家。扶义俶傥，不令己失时，立功名于天下，作七十列传。凡百三十篇，五十二万六千五百字，为《太史公书》。序略，以拾遗补艺，成一家之言，厥协六经异传，整齐百家杂语，藏之名山，副在京师，俟后世圣人君子。

◎ **大意** 我们汉朝继承五帝的遗绪，承接三代中断的事业。周道衰落，秦朝废除古代文化典籍，焚灭《诗》《书》等经典，所以明堂、石室、金匮、玉版等处图书散乱。汉朝兴起后，萧何整理法律条文，韩信申明军法，张苍制定规章制度，叔孙通制定礼仪，从此社会的文化、秩序有了一些进步，《诗》《书》等被埋没的经典不断地重新出现。自从曹参推荐盖公专讲黄老之说，贾谊、晁错阐明申不害、商鞅等法家学说，公孙弘因擅长儒术而出名，百年之中，天下遗闻旧事无不集中于太史公这里。太史公父子相继担任这个职务。先父司马谈说："哎呀！我们的祖先曾掌管这项职务，显名于尧舜时代，到了周代，又掌管这一职务，所以说司马家族世代掌管文史星历之事。现在到了我这里，要谨记啊！要谨记啊！"所以司马迁收集天下遗失的旧闻，对帝王兴起的迹象，追根溯源，探究终始，由盛观衰，论辩考证他们的事迹，简略地推考三代，记录秦汉，往上记录至轩辕黄帝，向下记到现在，作十二本纪，已经科别条分、具备纲目了。同一时期而不同世系，年代先后不大明白，作十表。为了论述礼乐减增，律历改变，兵家权谋、山川形势、鬼神祭祀，天人关系，各种事物的发展演变，作八书。二十八宿环绕北极星，三十根辐条集中于一个车轴，运行无穷，肱股之臣辅佐配合，忠信不渝，坚守臣道，以侍奉君主，作三十世家。匡扶正义、卓越洒脱，不让自己失去时机，立功名于天下，作七十列传。共一百三十篇，五十二万六千五百字，为《太史公书》。编述大略，以收集遗文，弥补缺漏，成一家之言，调和六经的不同传述，整齐百家的不同说法，正本藏在名山，副本留在京师，等待后世圣人君子评断。

太史公曰：余述历黄帝以来至太初而讫，百三十篇。

◎**大意** 太史公说：我记述的历史自黄帝开始，到太初年间结束，共一百三十篇。